Der Carlsplatz kocht

2.80
500gr. 4.95
2.95

ZuckerSüß Frz.
-KirSchen-
500gr. 3.95
Amour d'Enfant
Amour d'Enfant
Amour d'Enfant
Zucker Süße Frz.
KirSchen

DER CARLSPLATZ KOCHT

Nizza Verlag

Lyscheechi
100gr Thailand
€ 2,20
Kolumbien frische
Maracuja
6,- €
Riesen Papaya
Stck Brazil
€ 12,80
Brasilien frische
Luftfracht
Hawaii frische
Luftfracht
Papaya
Stck
Artischocken
Böden
100gr
€ 2,20
Granatäpfel
Stck

getrocknete Bio Tomaten
100gr 3.90
Waldchamp
100gr Franz
€ 1.20
Porto Bello
italien
2.20
Kenya
Spargel
Ähren
Hausedorn
Bund € 4.80
Grüner Deutsch Spargel
500gr
€ 6.80

Kl. I
2.50

Den Carlsplatz kennt jeder in Düsseldorf; er ist das Synonym für den schönsten Feinschmecker-Wochenmarkt der Stadt. Er ist auch der größte, überdachte Markt seiner Art in Nordrhein-Westfalen, aber solche Superlative sind den vielen, treuen Kunden ziemlich egal. Sie kaufen auf dem Carlsplatz, weil sie hier von der Entenmousse bis zur Dorade, vom Piment d'Espelette bis zum Bärlauchpesto alles bekommen – und zwar in erstklassiger Qualität. Auf diesem Markt gibt es für jeden Einkaufszettel die richtigen Produkte. Auch wer Tipps braucht, wird fündig, denn die Händlerinnen und Händler sind Fachleute für Obst und Gemüse, Fisch und Fleisch, Kaffee und Gewürze und sie geben ihr Wissen gerne weiter.

Der Markt hat eine lange Tradition. 1482 genehmigte Herzog Wilhelm hier erstmals einen Jahrmarkt. Seither gab es immer wieder mal Versuche, ihn an anderen Standorten anzusiedeln, aber sie führten alle zurück auf den 3000 Quadratmeter großen Carlsplatz. Seit die sechs Gänge des Platzes 1990 überdacht wurden, kommt man sogar bei Regen trockenen Fußes vom Fisch zu den Kartoffeln. Mancher hat sich damals eine Überdachung nach französischem Vorbild gewünscht – oder gleich den Bau einer Markthalle in Jugendstilmanier –, aber das wäre viel zu teuer gewesen und hätte die Händler für mindestens zwei Jahre vom Stammplatz vertrieben. So hat man sich auf diese Lösung geeinigt und längst sind alle zufrieden – außer an besonders hässlichen Tagen, an denen der Wind den Regen von der Seite hereinbläst. Der besonderen, lebendigen Atmosphäre jedenfalls hat das Dach keinen Abbruch getan – im Gegenteil: Durch seine Offenheit an den Seiten behält der Platz den Charme eines Wochenmarktes.

Dabei ist es nicht nur das üppige und farbenfrohe Angebot, das den Carlsplatz so anziehend macht, es ist auch seine ganz besondere Lage inmitten des kleinsten und charmantesten Düsseldorfer Stadtteils, der dem Platz seinen Namen gab. In der Carlstadt finden sich viele Orte, die das kulturelle Leben Düsseldorfs bereichern: Das Heinrich-Heine-Institut, ein Film- und ein Marionettenmuseum, eine Kochschule, Künstlerkneipen, Schmuck- und Antiquitätengeschäfte, Galerien, Boutiquen, Feinkost- und Buchläden dicht an dicht – und alle hinter schön restaurierten Altbau-Fassaden.

Der Carlsplatz ist Mittelpunkt dieses Viertels und selbst ein Ort der Kultur – der Esskultur. Ob Käufer oder Verkäufer: Hier sind alle Experten für Genuss! Die Händler tragen seit vielen Jahren dazu bei, dass in den Düsseldorfer Küchen gut gekocht wird. Einige von ihnen fuhren schon in den siebziger Jahren zweimal wöchentlich kurz nach Mitternacht zum Pariser Großmarkt und brachten von der Seine bis dahin gänzlich unbekannte Salate und Gemüse mit nach Hause. Exotisches Obst, Käse und Gewürze kamen schnell hinzu. So erweiterten die Marktleute nicht nur das Angebot, als engagierte Verkäufer begeisterten sie auch die aufgeschlossene rheinische Kundschaft für die fremden Früchte – und tun dies bis heute. „Was ist denn das? Was mache ich damit?“ ist eine häufig gehörte Frage, die immer eine Antwort findet. Und oft heißt es dann: „Packen Sie mal bitte ein.“ Dass die Qualität stimmt, versteht sich von selbst.

Die Kunden schätzen die lebhafte, freundliche Atmosphäre des Carlsplatzes. Sie empfängt einen sofort, egal, von welcher Seite man den Markt betritt. Gleich hört man auf zu eilen, schlendert durch die Gänge und lässt den Blick schweifen über Blumen und Früchte, die an einem sonnigen Sommertag zu einem Meer von Farben verschmelzen. Einmal eingetaucht in dieses besondere Flair, fühlt man sich dem Alltag schnell ein wenig enthoben. Deshalb zieht der Carlsplatz alle an: Künstler und Touristen, Bankangestellte und Beamte, junge Familien und ältere Paare, Theaterkritiker und Werber, Herren im Zweireiher und Damen mit Hut. Selbst wer den Platz ohne eine Tüte handverlesener Mirabellen oder Pfifferlinge, ohne eine französische Poularde oder die wunderbaren Trüffelravioli verlässt, nimmt etwas von seiner entspannten Lebensart mit. Und vielleicht den Vorsatz, bald wieder einmal so richtig lecker zu kochen.

Dazu wollen wir Sie ermuntern. Der Carlsplatz, auf dem so viel Liebe zum guten Essen zu Hause ist, schien uns ein idealer Ausgangspunkt für das Verfassen eines

Kochbuches. Die Händlerinnen und Händler haben uns dabei mit der Weitergabe ihrer Lieblingsrezepte und einer Menge wertvoller Tipps sehr unterstützt. Dafür ganz herzlichen Dank! Danke an Jörg Bartel, Iris Flender, Hilli Hassemer, Henrike Heuvelmann, Torsten Hülsmann, Peter Latzen, Charlotte Schröner, Josef Serwe und Eva Wolf, die uns ebenfalls Lieblingsrezepte überlassen oder durch Tatkraft unterstützt haben. Ein besonderer Dank auch an Frank Petzchen, der Rezepte aus dem Repertoire seiner Kochschule beigesteuert hat und mit seinen Kochschülern selbst Stammkunde auf dem Markt ist. Einige Rezepte stammen aus dem Fundus der Autorinnen. Sie alle sind vielfach erprobt und können auch von weniger erfahrenen Köchen problemlos nachgekocht werden. Alle verwendeten Zutaten sind selbstverständlich auf dem Markt erhältlich. Spätestens beim Durchblättern werden Sie feststellen, dass dieses Kochbuch auch ein Bilderbuch geworden ist – beim Anschauen, Lesen und Kochen wünschen wir viel Vergnügen!

Susanne Düwel, Petra Serwe

ADRIANI
Total

Kennen Sie die Frucht des Berberitzenstrauches? Die kleinen, leicht säuerlichen, roten Beeren haben besonders viel Vitamin C und sind eine köstliche Zutat in vielen persischen Essen – sie eignen sich aber auch hervorragend dazu, ein müdes Müsli zu verfeinern. Berberitzen gibt es am Stand von Godnaz Langeroodi, die den Düsseldorfern seit 14 Jahren persische, südfranzösische und griechische Spezialitäten verkauft. Besonders gefragt ist ihre Thunfischpaste, aber auch ihre Oliven-Schafskäse-Cremes erfreuen sich großer Beliebtheit.

Houmus – *Godnaz Langeroodi, Mediterrane Spezialitäten*

Für vier Personen:

- 500 g Kichererbsen
- 2 Knoblauchzehen
- 1 Zitrone
- 150 ml Olivenöl
- Salz, Pfeffer

Die Kichererbsen eine Nacht lang in reichlich kaltem Wasser einweichen. Am nächsten Tag die Knoblauchzehen schälen und fein hacken. Die Zitrone auspressen, den Saft mit dem Knoblauch und dem Olivenöl mischen, mit Salz und Pfeffer würzen. Die Kichererbsen in einem Topf knapp mit Wasser bedecken und zugedeckt drei Stunden auf kleiner Flamme köcheln lassen, bis kein Wasser mehr übrig ist. Anschließend die Kichererbsen mit dem Schneidstab pürieren und die Ölmischung dazugeben.

Der Houmus hat seinen Ursprung im mittleren Osten. Er wird kalt mit knusprigem Fladenbrot und einem Schälchen besten Olivenöls serviert. Manche Köche mischen noch etwa Sesampaste in das fertige Püree

Griechische Oliven-Kartoffel-Creme

Für vier Personen:

- 500 g mehlig kochende Kartoffeln
- 100 g entsteinte schwarze oder grüne Oliven
- 5 Knoblauchzehen
- 100 ml Olivenöl
- 3 Teelöffel Zitronensaft
- Salz, Pfeffer

Die Kartoffeln schälen, in grobe Stücke schneiden, waschen und in Salzwasser garen. Die Knoblauchzehen schälen und sehr fein hacken. Die Oliven halbieren und in feine Scheiben schneiden.

Die Kartoffeln abgießen und mit dem Olivenöl zu Püree stampfen. Die Olivenscheiben, den Knoblauch und den Zitronensaft untermischen. Falls das Püree zu trocken ist, noch etwas Olivenöl einrühren. Mit Salz und Pfeffer abschmecken und auf kleinen Tellern servieren.

Die Oliven-Kartoffel-Creme ist mit anderen griechischen Vorspeisen, zum Beispiel Taramasalata, Auberginenpüree oder gefüllten Weinblättern, ein leckerer Auftakt zu einem mediterranen Menü.

natürlich
nöl.
richtig.

Gebackener Ziegenkäse im Reisblatt mit marinierten Feigen

Für vier Personen:

8 frische Feigen

1 Teelöffel Zucker

125 ml Johannisbeersaft, wahlweise Johannisbeerlikör

8 Ziegenfrischkäse à 40 g

Salz, Pfeffer

8 Teelöffel Balsamico

8 Reisblätter aus dem Asia-Laden, 15 cm Durchmesser

8 Blätter Salbei

4 Zweige Thymian

1 Eiweiß

Olivenöl

Die Feigen waschen, schälen und die Hälfte in 1 cm große Würfel schneiden. Mit dem Zucker und dem Johannisbeersaft (oder dem Johannisbeerlikör) marinieren und kalt stellen. Die restlichen Feigen in 1 cm dicke Scheiben schneiden. Den Ziegenkäse mit Salz und Pfeffer würzen und mit dem Balsamico beträufeln. Die Thymianblättchen abzupfen.

Die Reisblätter zwischen zwei Küchentücher legen und etwas anfeuchten, sonst trocknen sie schnell aus und lassen sich nicht mehr verarbeiten. Nacheinander jeweils ein Reisblatt mit einem Ziegenkäse belegen, darauf eine Feigenscheibe, ein Salbeiblatt und etwas abgezupften Thymian platzieren. Die Ränder des Reisblatts mit Eiweiß einstreichen. Das Reispapier wie ein Päckchen fest zusammenfalten und vorsichtig in heißem Olivenöl von jeder Seite 2 Minuten bei mittlerer Hitze braten.

Auf Küchenpapier abtropfen lassen und auf den marinierten Feigenwürfeln anrichten.

Weinbeißer: Datteln mit Parmesan im Speckmantel *– Peter Brollik, Markt-Weinhandlung*

Für vier Personen:

8 große Bio-Datteln

8 dünne Scheiben Speck, mild

50 g junger Parmigiano Reggiano

8 Zahnstocher

Den Backofen auf 220 Grad vorheizen.

Die Datteln an der Seite aufschneiden und vorsichtig den Kern entfernen. Den Parmesan in Stücke schneiden, die etwa so groß sind wie die entfernten Kerne, und in die Datteln füllen. Die Speckstreifen sollen so breit wie die Datteln sein, sonst einfach längs halbieren. Die Datteln darin einrollen und mit einem Zahnstocher fixieren. Die Röllchen auf einem Backblech verteilen und 5 Minuten im heißen Backofen backen. Sie schmecken am besten heiß, also sofort servieren.

Die „Weinbeißer“ sind ideale Begleiter zum Aperitif und passen gut auf eine Tapastafel.

Orientalischer Frischkäse mit Gurken und Minze

Für vier Personen:

2 mittelgroße Salatgurken

3 Stängel Minze

1 Schalotte

½ Zitrone

300 g Frischkäse von Ziege oder Schaf

50 g Korinthen

1 Esslöffel gemahlener Kümmel

½ Esslöffel gemahlener Zimt

1 Prise Curr

Salz, Pfeffer

Die Gurken schälen, halbieren und die Kerne mit einem Löffel herauskratzen. Die Gurkenhälften auf einer Reibe in eine Schüssel raspeln. Die Minzeblättchen abzupfen und in feine Streifen schneiden (einige Blättchen für die Dekoration beiseite legen). Die Schalotte schälen und fein hacken. Die halbe Zitrone auspressen. Den Frischkäse zu den geraspelten Gurken geben und vermischen. Korinthen, Gewürze, Schalotte und die Minze hinzufügen und mit dem Zitronensaft beträufeln. Den Frischkäse in kleine, wenn möglich geeiste Schälchen verteilen und mit einem Minzeblättchen dekorieren.

Mit geröstetem Landbrot serviert, ist der orientalische Frischkäse eine wunderbare sommerliche Vorspeise.

Empanadas: Mit Spinat und Frischkäse gefüllte Teigtäschchen mit marinierten Feigen

Für 8 bis 9 Teigtaschen

Teig:

200 g Mehl

½ Teelöffel Salz

1 Esslöffel Pflanzenöl

⅛ l Wasser

Füllung:

250 g frischer junger Spinat

30 g Lauchzwiebeln

150 g Frischkäse

1 Ei

1 Teelöffel abgeriebene Zitronenschale

1 Eigelb

1 Esslöffel Milch

Salz, Pfeffer

Muskatnuss

Für den Teig das Mehl in eine Rührschüssel geben und mit dem Salz vermischen. Das Öl und das lauwarme Wasser zufügen und zu einem glatten Teig verkneten. Die Teigkugel in Klarsichtfolie einwickeln und 30 Minuten im Kühlschrank ruhen lassen.

Inzwischen den Spinat putzen, waschen und tropfnass in einen Kochtopf geben. Einen Deckel auflegen und den Spinat erhitzen, bis er zusammengefallen ist. In ein Sieb abgießen und gut abtropfen lassen. Wenn der Spinat etwas abgekühlt ist, gut ausdrücken und grob hacken. Die Lauchzwiebeln putzen und waschen, das Weiße und Hellgrüne in feine Ringe schneiden. Den Frischkäse in eine Schüssel geben und mit dem Ei verrühren. Die Lauchzwiebeln und den Spinat untermischen und mit Pfeffer, Salz, frisch geriebener Muskatnuss und der Zitronenschale würzen.

Den Backofen auf 180 Grad vorheizen.

Den Teig noch einmal durchkneten und auf einer bemehlten Arbeitsfläche so dünn wie möglich ausrollen, die Füllung sollte später durchscheinen. Den Teig in 10 mal 10 cm große Quadrate schneiden. In die Mitte jedes Quadrats etwas Spinatfüllung platzieren. Die Quadrate über der Füllung zu einem Dreieck zusammenlegen und die Ränder fest zusammendrücken. Ganz leicht auf die gewölbte Mitte der Dreiecke drücken, damit sich die Füllung gleichmäßig bis in die Ecken verteilt. Die Ränder noch einmal mit einer Gabel zusammendrücken. Ein Eigelb mit der Milch verquirlen, die Teigtäschchen damit einpinseln und auf ein mit Backpapier ausgelegtes Blech legen. Etwa 25 Minuten auf der mittleren Schiene backen, bis sie goldgelb sind.

Am besten lauwarm servieren.

Gefüllte Teigtäschchen werden in Spanien gerne als Tapas serviert. In die dünne, wunderbar knusprige Hülle aus Teig kann auch Fleisch oder Käse gefüllt werden

Feigen mit Parmaschinken und Pfefferminz-Sahnesauce – *Schinkentoni*

Für vier Personen:

- 2 Zitronen
- 2 Stiele Pfefferminze
- 100 ml Sahne
- 8 frische Feigen
- 8 Scheiben Parmaschinken

Eine Zitrone auspressen und den Saft in eine Schüssel geben. 8 kleine Pfefferminzblätter für die Dekoration zur Seite legen, die restlichen Blätter waschen, von den Stielen zupfen und klein hacken. Zum Zitronensaft geben, 15 Minuten ziehen lassen und anschließend durch ein Sieb gießen. Die Sahne und den Saft der zweiten Zitrone unter ständigem Rühren dazugeben, bis die Sauce etwas andickt.

Die Feigen vorsichtig waschen, trocken tupfen, an der Oberseite kreuzweise aufschneiden und auseinander ziehen. Je zwei Feigen auf einem Teller anrichten, die Sauce darüber gießen und mit einem Pfefferminzblatt garnieren.

Den Parmaschinken in etwa 1 cm breite Streifen schneiden und neben den Feigen anrichten.

Fenchel mit Parmesan und Pata Negra

Für vier Personen:

- 3 kleine Fenchelknollen
- 3 Esslöffel Olivenöl
- Saft einer Zitrone
- 100 g Parmesan
- 150 g Pata Negra
- Fleur de Sel, Pfeffer

Die Fenchelknollen waschen, halbieren, den Strunk mit zwei Schnitten herauslösen. Das Fenchelgrün hacken. Die Hälften in hauchdünne Scheiben schneiden. Mit Zitronensaft, Olivenöl, Fleur de Sel und Pfeffer würzen. Eine Stunde bei Zimmertemperatur abgedeckt marinieren.

Den Parmesan hobeln und kurz vor dem Servieren unterheben. Den Pata Negra auf einer großen Platte mit dem Fenchelsalat anrichten und mit dem Fenchelgrün bestreuen.

Für den spanischen Schinken „Pata negra“ dürfen nur die Hinterkeulen von Schweinen der halbwilden Iberica-Rasse verwendet werden, die in den Steineichenwäldern der südlichen Extremadura leben. Weil iberische Schweine meist eine schwarze Klaue haben, nennt man auch den Schinken so. Die Schweine ernähren sich lediglich von Eicheln und Kräutern. Da sie immer in Bewegung sind, verteilt sich das Körperfett gleichmäßig im Fleisch und marmoriert dieses zart. Dem süßen, würzigen Geschmack ihres Fleisches wird bei der Weiterverarbeitung Rechnung getragen: Der Schinken wird nur einmal gesalzen. Der sparsame Einsatz von Salz verleiht der „Pata negra“ zwar ihren einzigartigen Geschmack, doch er bedeutet auch ein hohes Risiko: Etwa jeder fünfte Schinken verdirbt während des Reifungsprozesses – ein weiterer Grund für den stolzen Preis.

Vitello Tonnato

Für vier Personen

Fleisch:

800 g Kalbsnuss
1 l trockener Weißwein
1 Kräutersträußchen
1 Zwiebel
1 Knoblauchzehe
2 Esslöffel Olivenöl

Sauce:

1 hart gekochtes Ei
2 Eigelbe
250 g Thunfisch in Öl
6 Sardellenfilets in Öl
50 g eingelegte Kapern
4 Cornichons
1 Zitrone
8 Esslöffel Olivenöl
Salz, Pfeffer

Das Fleisch muss bereits am Vortag mariniert werden: Dazu die Kalbsnuss waschen und trocken tupfen. Die Zwiebel schälen und grob würfeln, die Knoblauchzehe pellen und grob hacken. Aus dem Weißwein, der Zwiebel, dem Knoblauch und dem Kräutersträußchen eine Marinade herstellen, das Fleisch einlegen und über Nacht kühl stellen.

Das Fleisch am nächsten Tag aus der Marinade nehmen, abtrocknen und in einem Bräter von allen Seiten langsam in Öl anbraten. Mit der Marinade übergießen und bei kleiner Flamme ungefähr 75 Minuten garen lassen. Das Fleisch nach der Hälfte der Zeit wenden. Vom Herd nehmen und in der Flüssigkeit auskühlen lassen. Das Fleisch anschließend herausnehmen und gut abtropfen lassen. Das Kräutersträußchen aus der Marinade nehmen, die Flüssigkeit pürieren und beiseite stellen.

Für die Sauce die Zitrone auspressen und den Saft mit dem Thunfisch, den abgetropften Sardellen, dem hart gekochten Ei, den Eigelben, Salz und Pfeffer verrühren, bis sich eine Creme gebildet hat. So viel von der Bouillon zugießen, dass die entstandene Soße schön sämig, aber nicht zu dünn wird. Die Kapern (einige für die Dekoration beiseite legen) und Cornichons klein hacken und unterrühren.

Das Fleisch in feine Scheiben schneiden und diese übereinander lappend auf einer Platte anrichten. Mit der Sauce übergießen und noch mindestens 5 Stunden kalt stellen.

Vor dem Servieren mit den restlichen Kapern bestreuen.

Am Anfang hatten ihre Kunden wenig Ahnung. Schimmliger Roquefort und laufender Brie – das war den meisten nicht geheuer, und Marie Noel, die Inhaberin von „Chez Jean-Luc“, erinnert sich noch gut daran, dass sie an ihrem allerersten Samstag auf dem Carlsplatz gerade mal hundert Mark eingenommen hat. Doch das ist über 20 Jahre her und schon lange hat die Französin einen großen Feinschmecker-Kundenstamm. Sogar Froschschenkel finden ihre Abnehmer. In der Auslage liegen mehr als 60 verschiedene Sorten Käse, alle frisch importiert aus Frankreich. Alle zwei Wochen fährt Marie Noel dorthin und kauft dann auch Elsässer Sauerkraut, gesalzene Rohmilchbutter und Merguez, eine kräftig gewürzte Rinder-Lamm-Bratwurst, die die Einwanderer aus Nordafrika mit nach Frankreich brachten. Auch die Liebhaber von Pasteten oder Enten- und Gänsemousse werden hier fündig; sie müssen sich nur entscheiden können zwischen Mousse de Canard au porto (mit Portwein) oder aux poires (mit Birnen und Mandeln). Daraus lässt sich mit ein wenig Weingelee und geröstetem Brot schnell eine delikate Vorspeise zaubern.

Foie gras mit Toast – *Marie Noel, Chez Jean-Luc*

Für vier Personen:
- 4 Scheiben Toastbrot
- Süßweingelee
- 4 Scheiben Foie gras

Das Brot toasten, noch warm mit je 1 Esslöffel Süßweingelee bestreichen und mit einer Scheibe Foie gras belegen – fertig ist eine köstliche Vorspeise.

Fertiges, sehr gutes Süßweingelee gibt es am Stand bei Marie Noel. Wer das Gelee lieber selbst machen will, vermischt 250 ml weißen Süßwein, z. B. Sauternes mit 500 g Gelierzucker (1:1) und bringt ihn unter Rühren zum Kochen. 1 Minute sprudelnd kochen lassen und heiß in Gläser füllen. Sofort mit Twist-off-Deckeln verschließen und abkühlen lassen

Backstube
WAAGEN SCHMITT
Wir machen Urlaub!!!
Vom
29.07.2009
bis
einschl. 27.08.2009
Sel & Mer

Backstube
WAAGEN SCHMITT

Gebackene Hühnerbällchen

Für circa 12 Bällchen:

20 Blatt Thaibasilikum
2 Lauchzwiebeln
100 g Hühnerherzen
100 g Hühnerleber
10 g Ingwer
1 scharfe Peperoncino
8 Zwiebackscheiben
1 Ei
100 g Sesamsaat
200 ml Sesamöl
Salz, Pfeffer

Das Basilikum waschen, die Blätter abzupfen und abtrocknen, die Zwiebeln putzen. Den Ingwer schälen, den Peperoncino waschen, längs aufschlitzen, die Kerne entfernen. Hühnerherzen und Hühnerleber, Ingwer, Peperoncino, Basilikum und das Weiße der Lauchzwiebeln sehr fein hacken. Den Zwieback reiben, das Ei verquirlen. Aus den Zutaten einen Fleischteig mischen, mit Salz und Pfeffer würzen. 20 Minuten in den Kühlschrank stellen, sollte die Masse noch zu feucht sein, etwas Zwiebackmehl dazugeben.

Sesamsaat in einen flachen Teller schütten. 3 cm dicke Kugeln aus dem Teig formen und im Sesam panieren.

Das Sesamöl in einem Wok stark erhitzen; wenn es anfängt zu schäumen, die Bällchen portionsweise in 8 Minuten ausbacken. Auf Küchenpapier abtropfen lassen.

Die Hühnerbällchen schmecken warm so gut wie kalt, zum Beispiel zum Aperitif oder auf einem Buffet.

Gebackene Belon-Austern – *Eric Fehling, Fisch Pahlke*

Für vier Personen:

8 Belon-Austern

8 große Spinatblätter

1 Paket Yufka- oder Filoteigblätter

1 Eiweiß

neutrales Pflanzenöl zum Frittieren

Salz, Pfeffer

Die Austern öffnen, entbarten und von der Schale schneiden – oder den Fischhändler beim Einkauf darum bitten. Die Spinatblätter einzeln kurz in kochendem Wasser blanchieren, mit einem Schaumlöffel herausnehmen und gut abtropfen lassen. Den Spinat leicht salzen und pfeffern und jeweils eine Auster in ein Spinatblatt wickeln. Ein Teigblatt auf die Arbeitsfläche legen und in circa 10 mal 10 cm große Quadrate schneiden. Jedes Teigquadrat mit einem Austern-Spinat-Päckchen belegen und die Teigränder mit verquirltem Eiweiß bestreichen. Die Quadrate aufrollen, die Ränder gut andrücken. Das Öl in einem hohen Topf auf etwa 170 Grad erhitzen und die Austernpäckchen goldgelb frittieren.

Belon-Austern sind flach, ziemlich groß, relativ dunkel und schmecken sehr subtil und leicht nussig. Sie leben nicht am Felsen, wie viele andere Austernarten, sondern im Schlick und sind nach dem gleichnamigen Fluss in der Bretagne benannt. Weil sie sehr selten sind und ganz besondere Wasserqualitäten benötigen, sind sie die teuersten Austern.

Yufka ist ein dünner Teig der türkischen Küche aus Weizenmehl, Wasser und Salz, in Geschmack und Textur liegt er zwischen Strudel- und Blätterteig. Das griechische Äquivalent heißt Filoteig. Fertige Yufka- beziehungsweise Filoteigblätter gibt es in türkischen Lebensmittelgeschäften.
In der westlichen Küche werden sie seit den 90er Jahren zunehmend als Umhüllung für zarte Fleisch- und Fischteile geschätzt.

Eiskalter Lachs

Für zwei Personen:

1 Scheibe Ikarimi-Lachs, circa 250 g

1 Handvoll frische Minze

3 Frühlingszwiebeln

1 Limette

1 Zitrone

Fleur de Sel

Den Lachs 15 Minuten in das Gefrierfach legen.

Das Weiße der Frühlingszwiebeln in feine Ringe schneiden und mit dem Saft einer Limettenhälfte marinieren. Die Minze waschen und in dünne Streifen schneiden. Die Zitrone und die restliche Limette ausdrücken.

Den Fisch aus der Kühlung nehmen. Schnell so dünn wie möglich mit einem scharfen Messer aufschneiden und die Tranchen auf einer großen Platte mit dem Zitrussaft, Fleur de Sel, den Frühlingszwiebeln und der Minze anrichten. Im Kühlschrank 10 Minuten kühlen, das Salz und die Säure garen den Lachs leicht an.

Eiskalter Lachs ist ideal an heißen Sommertagen und ein ebenso kalter Rosé passt ausgezeichnet dazu.

„Ikarimi" ist japanisch und bedeutet „festes Fleisch". Ikarimi-Lachs ist von sehr fester Konsistenz, außerordentlich schmackhaft, nahezu geruchlos und hat eine intensive Farbe. Im sogenannten „Cold Fish Slaughtering System" wird der Lachs vor der Schlachtung auf 2 Grad heruntergekühlt. Das verringert den Stress der Tiere bei der Schlachtung, der zu Farb-, Geschmacks- und Konsistenzveränderungen führen kann. Deshalb eignet sich Ikarimi-Lachs besonders für Carpaccios und die Herstellung von Sushi.

Im Ofen gebackene spanische Sardinen

Für vier Personen:

500 g Sardinen

Pfeffer, Salz

2 Esslöffel Olivenöl

2 Knoblauchzehen

2 Esslöffel frische, gehackte Kräuter: Petersilie, Rosmarin, Oregano, Thymian

1/8 l Weißwein

½ Zitrone

2 Esslöffel frische Weißbrotbrösel

Den Backofen auf 220 Grad vorheizen.

Die Sardinen mit der stumpfen Seite eines Küchenmessers schuppen und unter fließendem Wasser abspülen. Die Sardinen auf der Bauchseite in Längsrichtung vorsichtig, nicht zu tief aufschneiden und ausnehmen. Kopf und Schwanz mit einem scharfen Messer abtrennen und die Mittelgräte entfernen. Sardinen noch einmal waschen und trocken tupfen. Innen und außen mit Salz und frisch gemahlenem Pfeffer würzen. Eine flache Auflaufform mit 1 Esslöffel Olivenöl ausstreichen und die Sardinen flach hineinlegen. Die Knoblauchzehen pellen, in feine Scheiben schneiden und über die Sardinen streuen. Die Kräuter darauf verteilen. Die Zitronenhälfte auspressen, mit dem Weißwein vermischen und am Rand in die Form gießen. Die Brotbrösel über die Sardinen streuen und mit 1 Esslöffel Olivenöl beträufeln. Die Form in den Backofen schieben und 15 Minuten auf der mittleren Schiene goldbraun überbacken und in der Form servieren.

Garnelen-Wan-Tan

Für vier Personen:

- 24 rohe Garnelen in der Schale
- 5 Stängel Koriander
- 180 g fermentierte schwarze Bohnen aus der Dose
- 24 runde Wan-Tan-Blätter, Durchmesser 8 cm
- 20 Himbeeren
- 3 Stauden Paksoi
- 1 Limette

Die Paksoistauden am Strunk abschneiden, die einzelnen Blätter waschen. Die Limette ausdrücken. Die Garnelen aus der Schale lösen, der Länge nach halbieren und die Därme entfernen. Die Wan-Tan-Blätter auf einem großen, leicht bemehlten Holzbrett ausbreiten. Auf jedes Blatt in die Mitte eine Garnele, 5 schwarze Bohnen und zwei Korianderblätter legen. Zum Verschließen die Ränder mit einem in Wasser getauchten Q-Tipp befeuchten, an zwei gegenüberliegenden Stellen hochziehen und an den Rändern zusammendrücken, sodass ein Halbkreis entsteht.

Die restlichen Bohnen mit den Himbeeren und dem Limettensaft im Mixer pürieren.

In einem großen Topf mit einem Dampfeinsatz Wasser zum Kochen bringen. Ideal sind dafür asiatische Bambusdampfeinsätze. Die Paksoiblätter 5 Minuten vordämpfen, salzen, danach die Wan-Tan vorsichtig darauf setzen und 10 Minuten zugedeckt im Wasserdampf garen. Ist der Dampfeinsatz ansehnlich, stellt man ihn am besten direkt auf den Tisch. Paksoi und Wan-Tan mit der Himbeersauce zusammen anrichten.

Da die fermentierten Bohnen sehr salzig sind, braucht man für dieses Gericht kein weiteres Salz.

Matjes mit Roter Bete – *Eric Fehling, Fisch Pahlke*

Für vier Personen:

4 mittelgroße vorgekochte Rote Bete

4 Matjes

6 Esslöffel Joghurt

2 Esslöffel Ziegenfrischkäse

2 Esslöffel Crème Fraîche

2 Prisen gemahlener Kreuzkümmel

6 Frühlingszwiebeln

4 hellgrüne Stangen aus dem Herz eines Staudenselleries

Salz und Pfeffer

Die Rote Bete in 5 mm dicke Scheiben schneiden, die Matjes in 3 cm große Stücke zerteilen. Sellerie und Frühlingszwiebel sehr fein würfeln und mit kochendem Wasser übergießen, kalt abschrecken und trocken tupfen. Joghurt, Crème Fraîche, Ziegenkäse, Kreuzkümmel, Salz und Pfeffer verrühren.

Die Rote-Bete-Scheiben mit der Creme bestreichen. Die Matjesstücke darauf verteilen und mit den Gemüsewürfeln bestreuen.

Katalanische Stockfisch-Tapas

Für vier Personen:

400 g Stockfisch

3 Kartoffeln

4 Knoblauchzehen

200 ml Crème fraîche

Salz, Pfeffer

Den Stockfisch mindestens 24 Stunden in kaltem Wasser einweichen – dabei das Wasser häufig wechseln. Sie können gewässerten und küchenfertigen Stockfisch auch beim Fischhändler bestellen. Damit ersparen Sie sich Zeit und Arbeit und vor allem den intensiven Geruch.

Den Stockfisch in einen Topf legen, mit kaltem Wasser bedecken, leicht salzen und einmal aufkochen. Bei mittlerer Hitze in etwa 10 Minuten gar ziehen lassen. Den Fisch herausnehmen, gut abtropfen lassen und Haut und Gräten entfernen. In der Zwischenzeit die Kartoffeln waschen und gar kochen. Anschließend pellen und mit einer Gabel zerdrücken. Die Knoblauchzehen schälen und in grobe Stücke zerteilen. Den Stockfisch, die Kartoffeln, die Knoblauchzehen und die Crème fraîche mit einem Schneidstab zerkleinern. Mit Salz und Pfeffer abschmecken. Das Stockfisch-Kartoffel-Püree in kleine, runde Auflaufformen geben und 4 bis 5 Minuten unter dem Grill überbacken.

Luftgetrockneten, ungesalzenen Seefisch – meist Seelachs, Kabeljau, Schellfisch oder Lengfisch – bezeichnet man als Stockfisch. Das Trocknen auf Stöcken ist wohl die älteste Konservierungsmethode für Fisch: die Fische werden ausgenommen und ohne Kopf in der freien Luft zum Trocknen aufgehängt. Vor allem in Norwegen sowie in Spanien und Portugal ist der Stockfisch auch heute noch sehr beliebt.

Neue
holländische
Matjes
kommen
am
10.06.2
MMM...
MATJES!
PAHLKE
500 g
Becher
Keta
Lachscaviar
100 g Glas
original
holl.
Matjesheringe
€ 2,00
Stck

No Sugar
Seytun
Joghurt, Walnüsse, Olivenöl,Knoblauch & persische Gewürze
2,50
Grill-Tomaten, Peperoni & Olivenöl

Heute
Frisch Pesto
Eichenlaub
grün
Stck
€ 1,90
Lollo
Stck

Heute
Frisch Pesto
Sommer
Frankreich frischer
Lattou Rouge
Stck

Frankreich frischer Hausgemachter Wildkräutersalat 2,90 €
Feiner Frisée Stk 4,80 €
Deutsch kopf Salat Stk 1,40 €
Italien frischer Wildrucola 100 gr. 1,90 €
Frankreich frischer Hausgemachter Mesclainsalat

HONIG
500g

Endiviensalat in Honig-Himbeer-Vinaigrette mit gebackenem Ziegenkäse – *Ursula Wiedenlübbert, KaffeeReich*

Für vier Personen:

- 1 Endiviensalat
- 1 Esslöffel Honig
- 2 Esslöffel Himbeeressig
- 1 Esslöffel Zitronensaft
- 50 ml Walnussöl
- 150 g Himbeeren
- 4 dünne Scheiben durchwachsener Räucherspeck
- 4 Weißbrotscheiben
- 4 Scheiben Ziegenfrischkäse, circa 1 cm dick
- Salz, Pfeffer

Von der Endivie die äußeren welken und dunkelgrünen Blätter entfernen. Die Endivie der Länge nach halbieren, den Strunk mit einem spitzen Messer keilförmig herausschneiden und die Blätter mit einem scharfen Messer in feine, etwa 3 bis 5 mm breite Streifen schneiden. Die Endivienstreifen in einer Schüssel zunächst mit lauwarmem, dann mit kaltem Wasser waschen und anschließend trocken schleudern.

Den Honig mit Salz, Pfeffer und dem Himbeeressig verrühren. Den Zitronensaft und das Walnussöl, bis auf ein paar Spritzer für die Toasts, unterrühren, bis die Sauce sämig ist. Die Himbeeren verlesen. Den Speck in feine Streifen schneiden und ohne Fett in einer Pfanne knusprig anbraten.

Den Endiviensalat auf Tellern anrichten, die Himbeeren darauf verteilen, den Speck darüber geben und mit der Vinaigrette beträufeln.

Die Weißbrotscheiben toasten und mit dem restlichen Öl beträufeln. Auf jede Brotscheibe eine Scheibe Ziegenfrischkäse legen und im Backofen unter dem Grill kurz überbacken, bis der Käse zu schmelzen beginnt.

Die Brote diagonal durchschneiden und zum Salat servieren.

Wenn's dem Geschmack dient, darf ein Käse auch schon mal drei Wochen bei Manfred Wionczek zu Hause lagern. Seit 35 Jahren ist er im Käsegeschäft – seit dreieinhalb Jahren profitieren die Kunden auf dem Carlsplatz von seinem Fachwissen. Und dazu gehört auch, dass ein Käse aus Fribourg, der drei Monate auf der Alm gereift ist, sich nach Lieferung ins Düsseldorfer Flachland erst mal in Ruhe akklimatisieren muss – wenn's sein muss, im Wohnzimmer. Wenn er dann am Stand liegt, hat er genau den richtigen Geschmack. Das Sortiment, sagt Herr Wionczek, ist in den vergangenen Jahren immer breiter geworden – Schafs- und Ziegenkäse gibt es heute in allen Varianten. Besonders die Schweizer haben zugelegt: Stand der Schweizer Käse früher für Appenzeller, Emmentaler und Gruyère, sind heute über 15 Sorten im Angebot – eine besser als die andere. Von der Fülle seines Angebots profitieren auch seine beiden anderen Stände, die zweimal in der Woche auf kleineren Düsseldorfer Stadtteilmärkten stehen. Die können dort auserlesene Käsesorten auch in kleineren Mengen anbieten, die sich sonst nicht rechnen würden.

Löwenzahnsalat mit Brie de Brebis Cardabelle

Manfred Wionczeck, Käsespezialitäten

Für vier Personen:

- 400 g Löwenzahn
- 50 ml Weinessig
- 200 ml kaltgepresstes Rapsöl
- 1 Esslöffel scharfer Senf
- 1 Kastenweißbrot
- 120 g Gänse- oder Entenbrust
- 160 g Brie de Brebis Cardabelle
- Salz, Pfeffer

Den Löwenzahn waschen, verlesen und trocken schleudern. Aus dem Essig, der Hälfte des Rapsöls, dem Senf, Salz und Pfeffer eine Vinaigrette rühren.

Das Brot in 16 Scheiben schneiden und toasten. Den Brie ebenfalls in dünne Scheiben schneiden und auf die getoasteten Brotscheiben legen. Auch die Enten- oder Gänsebrust in dünne Scheiben schneiden. Den Löwenzahnsalat mit der Vinaigrette vermischen.

Das restliche Öl in einer Pfanne erhitzen, die Enten- oder Gänsebrustscheiben kurz braten und zusammen mit dem Bratfett über den Salat geben. Den Backofengrill einschalten, die Käsebrote im Ofen kurz überbacken, bis der Käse schmilzt.

Den Salat auf vier Teller verteilen, die Toastbrote daneben anrichten und sofort servieren.

Am besten schmeckt Löwenzahnsalat, wenn er leicht zusammengefallen ist. Er wird deshalb gerne mit heißen Speckwürfeln angemacht.

onale
Käsespeziali
Beemster Gou
Jung
Mittelalt

Zu den „Klassikern" des Marktes gehört der Gemüsestand von Bernd und Elke Beilstein – das Familiengeschäft wurde 1928 gegründet, seit 1984 verkaufen Beilsteins auf dem Carlsplatz. Herr Beilstein ist überzeugt, dass sich auf dem Carlsplatz nur Qualität verkaufen lässt, für ihn ist dieser Markt eigentlich eine Ansammlung von Feinschmeckerläden. Dazu gehört, dass er gelbe Paprika selbst bei sieben Grad unter Null im Angebot hat, genauso wie frische Himbeeren. Die Käufer der dann immens teuren Beeren sind allerdings selten „normale" Marktbesucher, sondern Köche, die in den edlen Restaurants der Stadt kochen. Apropos Köche! Wie seine Kollegen merkt auch Bernd Beilstein deutlich den Einfluss der Fernsehköche. Wenn – wie neulich geschehen – die Nachfrage nach Kumquats, die bisher ein Schattendasein als Dessert-Dekoration fristeten, plötzlich sprunghaft ansteigt, steckt mit Sicherheit ein Kochshow-Tipp dahinter.

Tomaten-Rucola-Salat mit Schalotten und Parmesan

Bernd Beilstein, Obst und Gemüse

Für vier Personen:

- 2 Bund Rucola, etwa 200 g
- 8 Datteltomaten
- 3 große Schalotten
- Olivenöl
- 3 Esslöffel Honig
- 150 ml + 3 Esslöffel Balsamico-Essig
- 100 ml Rotwein
- 100 g Parmesan
- Salz, Pfeffer

Den Rucola waschen und trocken schleudern. Die Tomaten waschen und halbieren. Die Schalotten schälen, in feine Ringe schneiden und in etwas Olivenöl andünsten. Den Honig zugeben, unter Rühren erhitzen und mit Balsamico-Essig und Rotwein ablöschen. Mit Salz und Pfeffer würzen, die Flüssigkeit sämig einkochen und anschließend abkühlen lassen.

Aus 3 Esslöffeln Balsamico-Essig, 6 Esslöffeln Olivenöl, Salz und Pfeffer eine Vinaigrette rühren, den Rucola darin marinieren und auf flachen Tellern anrichten. Die Tomatenhälften darauf verteilen und die Honig-Balsamico-Schalotten darüber löffeln. Parmesanspäne darüber hobeln und mit geröstetem Ciabatta servieren.

Rucola-Salat mit Steinpilzen – *Frank Petzchen*

Für vier Personen:

- 2 Bund Rucola, etwa 200 g
- 100 g kleine, feste Steinpilze
- 70 g Schalotten
- 1 Knoblauchzehe
- 100 g Cocktailtomaten
- 3 Esslöffel Zitronensaft
- 9 Esslöffel Öl
- Salz, Pfeffer, Zucker
- 20 g Butter
- 20 g gehobelter Parmesan

Den Rucola putzen, waschen und trocken schleudern. Die Steinpilze sorgfältig putzen und halbieren, die Schalotten schälen und fein würfeln. Die Knoblauchzehe pellen und fein hacken, die Tomaten halbieren.

Das Öl und den Zitronensaft in einer Schüssel verrühren, mit Salz, Pfeffer und 1 Prise Zucker würzen. Den Rucola zugeben und mit der Vinaigrette vermischen.

Die Butter in einer Pfanne schmelzen lassen, die Steinpilze, die Schalotten und den Knoblauch darin 2 Minuten bei mittlerer Hitze goldbraun braten. Die Tomaten zugeben, 30 Sekunden mitbraten und mit Salz, Pfeffer und 1 Prise Zucker würzen.

Den Rucola auf Tellern anrichten, die Steinpilz-Tomaten-Mischung darauf verteilen und mit dem gehobelten Parmesan bestreuen.

Spinatsalat mit Feta

Für vier Personen:

- 500 g junger Blattspinat
- 100 g Pinienkerne
- 200 g Feta
- 8 Esslöffel Olivenöl
- 4 Esslöffel Weißweinessig
- 2 Esslöffel Honig
- Salz, Pfeffer

Den Spinat verlesen, waschen und trocken schleudern. Die Pinienkerne in einer Pfanne ohne Fett anrösten und abkühlen lassen. Den Spinat auf vier Teller verteilen, den Feta darüber krümeln und die Pinienkerne darauf verteilen. Aus den übrigen Zutaten eine Vinaigrette anrühren und kurz vor dem Servieren über den Salat geben.

Zucchinisalat mit Schinken, Mozzarella und Minze

Für vier Personen:

- 2 mittelgroße Zucchini
- Salz
- 1 Büffelmozzarella
- 50 g schwarze Oliven
- 4 dünne Scheiben geräucherter Schinken
- 2 Esslöffel Pinienkerne
- 2 Esslöffel feingehackte Minze
- 4 Esslöffel Olivenöl
- 4 Teelöffel Zitronensaft oder weißer Balsamico
- Fleur de Sel

Die Zucchini mit dem Sparschäler in lange, dünne Streifen schneiden. Mit etwas Salz vermengen und in einem Sieb 1 Minute über Wasserdampf garen. Dann sofort kalt abspülen und auf Küchenpapier trocknen.

Den Mozzarella 1 cm groß würfeln. Die Oliven in Streifen von den Kernen schneiden. Die Schinkenscheiben längs halbieren und in feine Streifen schneiden. Die Pinienkerne ohne Fett goldgelb rösten. Die abgetrockneten Zucchinistreifen mit der fein gehackten Minze und den Mozzarella- und Schinkenstückchen vermischen und auf Teller verteilen. Die Olivenstreifen und die gerösteten Pinienkerne darübergeben. Das Olivenöl mit Zitronensaft oder Balsamico verrühren und den Salat damit besprenkeln, eine Prise Fleur de Sel darüber streuen.

Fenchel-Orangen-Salat

Für vier Personen:

- 3 Orangen
- 2 Fenchelknollen
- 1 Esslöffel Honig
- 1 Esslöffel Öl
- Salz, Pfeffer

Die Orangen filetieren. Dazu von den Früchten oben und unten einen Deckel abschneiden. Die Orange auf die Arbeitsfläche stellen und die Schale mit einem scharfen Messer großzügig abschneiden, dabei darauf achten, dass die weiße Haut mitgeschält wird. Die Filets mit einem scharfen Messer zwischen den Trennhäuten herausschneiden, den Saft auffangen.

Den Saft mit Salz, Pfeffer, Honig und dem Öl verrühren. Den Fenchel putzen, halbieren, in dünne Ringe schneiden und zusammen mit den Orangenfilets auf einen Platte legen. Die Marinade darüber gießen und zugedeckt 30 Minuten im Kühlschrank ziehen lassen. Zum Servieren mit etwas Fenchelgrün bestreuen. Wer mag, kann Parmesanspäne darüber hobeln oder klein geschnittene schwarze Oliven untermischen. Besonders hübsch und intensiver im Geschmack ist der Salat mit Blutorangen.

Angelika Schidan tauschte einst den weißen gegen den grünen Kittel. Die gelernte Krankenschwester hat eingeheiratet in den Obst- und Gemüsestand, den sie seit dem frühen Tod ihres Mannes schon viele Jahre alleine führt. Frau Schidan setzt auf beste Qualität und hat oft ausgefallene Produkte im Angebot. Die neueste französische Züchtung mit dem Namen Framba – eine Kreuzung zwischen Himbeere und Erdbeere, findet hier ihre Käufer. Kirschen, Aprikosen und Pfirsiche landen nur handverlesen in der Tüte. Das kleine, erstklassige Sortiment wissen ihre Stammkunden zu schätzen. Die dürfen auch schon mal ein paar Tüten hinter der Theke abstellen, wenn sie in der Stadt noch etwas zu besorgen haben. Ihr Publikum ist bunt gemischt. Angelika Schidan freut sich besonders, dass viele junge Leute darunter sind, die beim Einkauf auf gute Qualität achten.

Spargel-Erdbeer-Salat – *Angelika Schidan, Obst, Gemüse, Pilze*

Für vier Personen:

- 1 kg weißer Spargel
- 500 g Erdbeeren
- 150 g Rucola
- 3 Schalotten
- 8 Esslöffel heller Balsamico-Essig
- 4 Esslöffel Olivenöl
- 40 g Parmesan
- Zucker, Salz, Pfeffer

Den Spargel schälen, die Enden großzügig abschneiden und die Stangen in mundgerechte Stücke teilen. In kochendem Salzwasser mit 1 Prise Zucker etwa 8 Minuten garen. In der Zwischenzeit die Erdbeeren vorsichtig abspülen, putzen, trocken tupfen und halbieren. Den Rucola putzen, waschen, trocken schleudern und in mundgerechte Stücke zupfen. Die Schalotten schälen und fein würfeln.

Den Balsamico-Essig und 2 Esslöffel Wasser verrühren. Mit Salz, Pfeffer und 1 Prise Zucker würzen. Das Olivenöl unterschlagen und die Schalottenwürfel unterheben.

Den Spargel mit einem Schaumlöffel aus dem Wasser heben, gut abtropfen und etwas abkühlen lassen. Die Erdbeeren, den Spargel und den Rucola auf vier Tellern anrichten und die Vinaigrette darüber träufeln. Zum Schluss den Parmesan darüber hobeln.

Chiquita
Tasty Tom
Tasty Tom

Panzanella aus Spargel, Tomaten und Basilikum

Andreas Schäfer, Blumen Brüning

Für vier Personen:
- 1 kg weißer Spargel
- 4 Fleischtomaten
- 2 Stangen Bleichsellerie
- 2 Frühlingszwiebeln
- 1 Bund Basilikum
- 2 Esslöffel Pinienkerne
- 2 Esslöffel Olivenöl
- 1 Teelöffel Puderzucker
- Saft einer Zitrone
- 300 g Weißbrot
- 1 Knoblauchzehe
- Pfeffer, Salz, Zucker
- 100 g Parmesan
- Salz, Pfeffer

Den Spargel schälen, die Enden großzügig abschneiden. Die Stangen in kochendem Salzwasser mit einer Prise Zucker etwa 15 Minuten garen, abtropfen und in zwei Zentimeter dicke Scheiben schneiden.

Die Tomaten kurz in kochendes Wasser legen, häuten, vierteln und die Kerne heraus kratzen. Die Tomatenviertel noch einmal halbieren. Den Sellerie entfädeln, die Frühlingszwiebeln putzen und beides in dünne Scheiben schneiden. Die Basilikumblätter grob zerzupfen. Die Pinienkerne in einer Pfanne ohne Fett goldbraun rösten. Alle Zutaten zusammen mit den Spargelscheiben in eine Schüssel geben.

Olivenöl, Puderzucker und Zitronensaft verrühren und über den Spargel geben. Pfeffern, salzen und gut durchmengen.

Das Weißbrot in 1 cm große Würfel schneiden, die Knoblauchzehe schälen und mit einem breiten Messer anquetschen. Brot und Knoblauch in Olivenöl anrösten, salzen und pfeffern. Kurz vor dem Servieren die Brotwürfel unter den Spargelsalat mischen und Parmesan darüber hobeln.

Unser Rezept ist eine Abwandlung des klassischen toskanischen Brotsalats. Dabei werden altbackene Brotscheiben in Wasser eingeweicht und zusammen mit Sardellenfilets, Zwiebeln, Tomaten, Öl, Essig, Salz und Pfeffer angerichtet. Die Herkunft des Wortes Panzanella ist ungewiss. Auf jeden Fall waren Gerichte dieser Art in den ländlichen Gegenden einst sehr verbreitet, brauchte man doch so das Brot vom Vortag nicht wegzuwerfen. Mit der Rückbesinnung auf alte Traditionen, frische Produkte und puristische Zubereitungsarten halten diese Rezepte wieder Einzug in die moderne Küche.

Tomatensalat mit geröstetem Ciabatta – *Weber's Obstkörbchen*

Für vier Personen:

- 1 kg Ciabatta
- 750 g Tomaten
- 60 g Kapern
- 1 Knoblauchzehe
- 2 Esslöffel Rotweinessig
- 8 Sardellenfilets
- 8 Esslöffel Olivenöl
- 4 Esslöffel Basilikum
- Salz, Pfeffer

Den Backofen auf 200 Grad vorheizen.

Die Tomaten enthäuten und halbieren, den Saft über einem Sieb auffangen, die Kerne entfernen. Die grob zerhackten Kapern mit den Tomatenhälften vermischen, salzen und pfeffern. Den aufgefangenen Tomatensaft mit 4 Esslöffeln Olivenöl und dem Essig verrühren. Die Sardellenfilets wässern, trocken tupfen und der Länge nach einmal teilen. Das Basilikum grob hacken.

Die Kruste des Ciabatta grob entfernen, das Brot in dünne Streifen schneiden, auf ein Backblech legen, salzen, pfeffern und mit dem restlichen Olivenöl beträufeln. Im Backofen bräunen, bis es schön knusprig ist.

Eine große Schüssel mit der geschälten Knoblauchzehe ausreiben. Die Brotstücke heiß in die Schüssel legen, mit der Tomatenvinaigrette übergießen. Tomaten und Sardellen unterheben. Zum Schluss das Basilikum untermischen. Noch warm schmeckt dieser Salat am besten.

Gemüse-Salat

Für vier Personen:

- 1 rote Paprika
- 1 gelbe Paprika
- 1 Gemüsezwiebel
- 1 kleine Zucchini
- 1 große Karotte
- 100 g Champignons
- 1 kleine Fenchelknolle
- 3 Knoblauchzehen
- 2 Esslöffel Olivenöl
- 1 Teelöffel Salz
- Paprikapulver
- Chiliflocken
- 2 Esslöffel Balsamico-Essig
- 2 Esslöffel Walnussöl

Den Backofen auf 200 Grad vorheizen.

Die Paprikaschoten halbieren, Kerne und Trennwände entfernen und die Schote in 3 mal 3 große Stücke schneiden. Die Zucchini der Länge nach vierteln und in 5 cm lange Stücke schneiden. Die Karotte schälen, längs halbieren und ebenfalls in 5 cm lange Stifte schneiden. Die Zwiebel schälen und in Achtel schneiden. Die Pilze mit einem trockenen Tuch säubern, die Stiele abschneiden, die Pilze halbieren. Die Fenchelknolle halbieren, den Strunk herausschneiden und die Hälften in 1 cm breite Streifen schneiden. Die Knoblauchzehen schälen. Die Gemüsestücke und die durch eine Knoblauchpresse gedrückten Knoblauchzehen mit Olivenöl, Salz, Paprikapulver und Chiliflocken gut vermischen und auf einem mit Backpapier ausgelegten Backblech verteilen. Im heißen Backofen etwa 20 bis 25 Minuten backen, bis das Gemüse leicht zu bräunen beginnt. Aus dem Balsamico-Essig und dem Walnussöl eine Marinade herstellen und unter das Gemüse heben. Lauwarm oder kalt servieren.

Neapolitanischer Blumenkohlsalat

Für vier Personen:

- 50 g in Salz eingelegte kleine Kapern
- 1 Blumenkohl
- Salz
- schwarzer Pfeffer
- 80 ml Olivenöl extra vergine
- 3 Esslöffel Weißweinessig
- 100 g schwarze Oliven
- 8 in Öl eingelegte Sardellenfilets
- 1 rote Paprikaschote
- 2 große Zweige frischer Oregano

Die Kapern in kaltes Wasser legen. Den Blumenkohl in kleine Röschen teilen, dabei von den groben Stielen befreien. Die Röschen in kochendem Salzwasser 3 bis 5 Minuten blanchieren, bis sie gar, aber noch bissfest sind. Unter fließendem, kaltem Wasser abschrecken und gut abtropfen lassen. Olivenöl, Essig, Salz und Pfeffer verquirlen, über den Blumenkohl träufeln und vorsichtig untermischen. Die Oliven entkernen. Die Sardellenfilets abspülen und trocken tupfen. Auch die Kapern abspülen und in einem Sieb abtropfen lassen. Die Paprikaschote längs vierteln, von Kernen und Zwischenhäuten befreien. Die Oreganoblättchen abzupfen. Oliven, Sardellen und Paprika in feine Streifen schneiden und zusammen mit dem Oregano und den Kapern zum Blumenkohl geben. Alles gründlich mischen. Den Salat vor dem Servieren mindestens 3 Stunden bei Zimmertemperatur ziehen lassen.

Kapern sind die Blütenknospen des Kapernstrauchs, der im ganzen Mittelmeerraum wild wächst oder kultiviert wird. Lange Zeit war die Kaper in Deutschland nur als Beigabe für Königsberger Klopse bekannt. Mit dem Einzug der mediterranen Küche erfährt sie neue Wertschätzung. Je kleiner die Kaper ist, desto feiner schmeckt sie. In Italien heißen die kleinsten Lacrimelle, Tränchen, und kommen von der liparischen Insel Salina und aus Pantelleria. Das französische Pendant heißt Nonpareille. In Italien werden Kapern überwiegend in Salz eingelegt. Das Salz entzieht der Knospe das Wasser und konserviert ihr feines Aroma. Wenn Sie eingesalzene Kapern verwenden, sollten sie diese mindestens 10 Minuten wässern und gründlich abspülen, sonst ist Ihr Essen versalzen.

Aus den Kapernblüten entwickeln sich die Kapernäpfel, die fast so groß sind wie Oliven. Sie werden in Italien als Delikatesse gehandelt und zum Aperitivo genossen.

Salat aus getrockneten weißen Bohnen mit Thunfisch

Für vier Personen:

250 g weiße Bohnen
1 Thymianzweig
2 Salbeiblätter
2 Knoblauchzehen
300 g Cocktailtomaten
1 Bund Rucola
½ Bund Frühlingszwiebeln
3 Stangen Staudensellerie
400 g frisches Thunfischfilet
2 Esslöffel Sojasauce
4 Esslöffel Rotweinessig
8 Esslöffel Olivenöl
2 Esslöffel fein geschnittene glatte Petersilie
Salz, Pfeffer, Zucker

Die weißen Bohnen über Nacht in kaltem Wasser einweichen. Am nächsten Tag abgießen und abspülen. In reichlich Salzwasser mit Thymian, Salbei und den geschälten Knoblauchzehen in etwa 1 Stunde weich kochen. Je nach Alter der Bohnen kann das auch etwas länger dauern. Deshalb ab und zu eine Bohne anpiksen, um ihren Garzustand zu testen. Abgießen, dabei etwas von der Kochflüssigkeit aufbewahren und auskühlen lassen.

In der Zwischenzeit die Tomaten vierteln. Den Rucola waschen, abtropfen lassen, von den dicken Stielen befreien und die Blätter grob schneiden.

Die Frühlingszwiebeln putzen und mit dem Grün in schräge, 1 cm breite Stücke schneiden. Den Staudensellerie putzen, entfädeln und in feine Streifen schneiden.

Den Thunfisch in 2 cm große Würfel schneiden und in etwas Olivenöl rundum ganz kurz anbraten. Er sollte innen noch rosa sein, dann schmeckt er wunderbar saftig. Mit Sojasauce ablöschen und aus der Pfanne nehmen. Die Frühlingszwiebeln in derselben Pfanne mit Öl und etwas Zucker kurz bräunen.

Aus Essig, Olivenöl, Salz und Pfeffer eine Vinaigrette rühren. Tomaten, Bohnen und Zwiebeln mit der Vinaigrette vermischen. Wenn der Salat zu trocken ist, etwas Kochflüssigkeit von den Bohnen untermischen.

Den Salat 10 Minuten durchziehen lassen. Dann Rucola, Petersilie und Thunfisch unterheben und servieren.

Thunfisch sollte nie ganz durchgebraten werden. Er schmeckt sonst unangenehm trocken und strohig. Wer rohen Fisch nicht mag, greift besser auf Thunfisch aus der Dose zurück.

Linsensalat mit Ricotta

Für vier Personen:

200 g Puy-Linsen

250 g frischer Ricotta vom Käsehändler

2 Knoblauchzehen

2 getrocknete Peperoncini

2 Handvoll Basilikum

2 Handvoll glatte Petersilie

2 Handvoll Rucola

2 Esslöffel Kürbiskernöl

2 Esslöffel alter Balsamico

1 Esslöffel Ahornsirup

Salz, Pfeffer

Die Linsen in einem Sieb waschen. Mit der dreifachen Menge Wasser in einem Topf mit den geschälten Knoblauchzehen, den unzerteilten Peperoncini und etwas Salz aufsetzen und circa 30 Minuten kochen. Die Kräuter waschen, abtrocknen und grob hacken. Kürbiskernöl, Balsamico und Ahornsirup sämig verquirlen, die Kräuter dazugeben.

Probieren, ob die Linsen gar sind. Sie sollen weich sein – aber unbedingt etwas Biss haben. Falls nicht alles Wasser verkocht ist, die Linsen in ein Sieb abgießen. Die Knoblauchzehen und die Peperoncini entfernen und die heißen Linsen unter die Kräutervinaigrette rühren. Auf einer großen, flachen Platte abkühlen und mit Salz und Pfeffer würzen. Den Ricotta in 5 mm dicke Scheiben schneiden und auf den Linsensalat legen.

Lauwarm schmeckt Linsensalat am besten.

Käsesalat mit Orangen, Trauben und Nüssen

Annemarie Pilz, Back- und Süßwaren

Für acht Personen:

je 150 g blaue und grüne Weintrauben

250 g Staudensellerie

Salz

250 g Gruyère-Käse

2 Orangen

3 Esslöffel Sherry-Essig

2 Esslöffel Crème fraîche

5 Esslöffel Haselnussöl

Pfeffer

Cayennepfeffer

Worchestershiresauce

50 g Haselnusskerne

1 Bund Brunnenkresse

Die Trauben waschen, halbieren und entkernen. Den Staudensellerie putzen, entfädeln und in dünne Scheiben schneiden. In kochendem Salzwasser 2 Minuten blanchieren, abgießen und gut abtropfen lassen. Den Käse in 3 mm dünne Scheiben und diese in 3 cm lange Stifte schneiden. Die Orangen großzügig schälen, dabei darauf achten, dass die weiße Haut mitgeschält wird. Die Filets mit einem scharfen Messer zwischen den Trennhäuten herausschneiden, den Saft auffangen.

Den aufgefangenen Orangensaft mit Essig, Crème fraîche, Öl, etwas Salz, Pfeffer, Cayenne und einigen Spritzern Worcestershiresauce gut verquirlen. Die Vinaigrette über den Käse, die Trauben, Orangenfilets und den Sellerie gießen, vorsichtig mischen und 1 Stunde an einem kühlen Ort ziehen lassen.

Die Haselnüsse grob hacken und in einer Pfanne ohne Fett anrösten. Die Brunnenkresse waschen und den Salat auf der Kresse anrichten. Mit den Nüssen bestreut servieren.

Der Salat lässt sich gut vorbereiten und nimmt es auch nicht übel, wenn er nicht sofort gegessen wird. Er passt deshalb gut aufs Party-Büffet oder in den Picknickkorb.

BIO
Junior

Schinken Toni
Schinken Toni
Hausmacher Spezialitäten
Wild Schinken
Schinken-Toni
Markt-Imbiss
Höchste Qualität
Solide Preise
Hier die freundliche Bedienung
Spitzenqualität für Feinschmecker !!!
Heide-Schinken
Tourist Info
Mittelstraße

Imbiss
Berliner Ecke
Coca-Cola

Obst & Gemüse Beilstein
Deutschland
gelbe Zuccini
Kg. 4.80
Kräuter Obst Gemüse Pilze Südfrüchte
Stück -.40
Habaneros
Stück -.50
Terr
Maïs
sweet corn

Suppen

deutsche Möhren
Bund
€
Klasse
I
1,40

Gemüsebrühe

Für 1½ l Brühe:

1 große Zwiebel
4 Schalotten
200 g Champignons
2 Stangen Lauch
2 Karotten
2 Stangen Staudensellerie
1 Fenchelknolle
3 Esslöffel Olivenöl
2 l Wasser
2 Lorbeerblätter
½ Bund glatte Petersilie
3 Nelken
1 Esslöffel Meersalz
1 Esslöffel Pfefferkörner

Alle Gemüse schälen oder putzen und in grobe Stücke schneiden. Die Zwiebel- und Schalottenstücke in Olivenöl glasig dünsten. Das Gemüse dazugeben und mit dem Wasser auffüllen. Die Petersilie mit Küchengarn zusammenbinden und dazugeben, ebenso die Lorbeerblätter, die Nelken und das Salz.

Einmal kräftig aufkochen, dann 40 Minuten bei sanfter Hitze köcheln lassen. In den letzten 20 Minuten die Pfefferkörner dazugeben. Die Brühe durch ein Sieb gießen, das Gemüse dabei leicht ausdrücken.

Diese Brühe ist die Basis für viele Gerichte wie Risotto, Gemüsesuppen etc. Sie können dafür auch Gemüsebrühe aus dem Glas nehmen, mit selbstgekochter schmecken die Gerichte allerdings um ein Vielfaches besser. Wenn Sie die Brühe eingefrieren, haben Sie immer einen Vorrat parat.

Rindfleischsuppe mit Gemüse

Für sechs Personen:

1 kg gehackte Rinderknochen, Fleisch- und Sandknochen
1 Bund Suppengrün
1 Petersilienwurzel
1 Zwiebel
3 Nelken
2 Lorbeerblätter
10 Pfefferkörner
Salz
800 g Tafelspitz
6 mittelgroße festkochende Kartoffeln
3 große Karotten
3 kleine Kohlrabi
400 g frische Erbsen
½ Bund glatte Petersilie

Die Rinderknochen abspülen, mit kaltem Wasser bedeckt aufsetzen und im größten Topf, den Sie haben, kurz aufkochen. In ein Sieb gießen und kalt abbrausen. Das Suppengrün putzen, grob zerkleinern, die Zwiebel schälen und mit den Nelken spicken. Zusammen mit den Knochen, Lorbeerblättern, Pfefferkörnern und etwas Salz in 2,5 l Wasser aufsetzen und 1 ½ Stunden bei mittlerer Temperatur kochen. Immer wieder den Schaum abschöpfen. Nach der Kochzeit durch ein Sieb abgießen. Die Brühe wieder zum Kochen bringen und das abgewaschene Fleisch einlegen. Nach circa 1 Stunde sanften Köchelns probieren, ob das Fleisch schon weich ist.

Die Kartoffeln schälen, vierteln und in kaltes Wasser legen, damit sie sich nicht verfärben. Die Karotten schälen und in 1,5 cm schräge Scheiben schneiden. Kohlrabi schälen, halbieren und erst in Scheiben, dann in 2 cm dicke Streifen schneiden. Die Erbsen palen. Das Gemüse nach Garzeit im Abstand von 5 Minuten zur Brühe geben: Kartoffeln, Karotten, Kohlrabi, Erbsen. Die Petersilie waschen, abtrocknen und grob hacken. Das Fleisch aus der Brühe nehmen und gegen die Faser in 5 mm dicke Scheiben schneiden. Diese direkt in die Suppenteller legen und mit Brühe, gekochtem Gemüse und Petersilie anrichten. Außer dem Suppenlöffel deckt man Messer und Gabel, damit sich jeder das butterzarte Fleisch selbst klein schneiden kann.

Erfahrungsgemäß bleibt bei diesem Rezept einiges an Brühe übrig, die man zum Beispiel für kräftige Risottos verwenden kann. Die Brühe lässt sich sehr gut in kleinen Portionen einfrieren, im Tiefkühlfach hält sie sich bis zu vier Monaten.

Kürbissuppe à la Nuschi – *Michel Schier, Obst und Gemüse*

Für vier Personen:

1 Kürbis (Muskat-, Hokkaido- oder Champagnerkürbis), etwa 1,5 kg

1 Schalotte

30 g Butter

1 Stange Zitronengras

½ Chilischote

1 Teelöffel geriebener Ingwer

1 Esslöffel Curry

2 grüne Kardamonkapseln

200 ml Weißwein

800 ml Gemüsefond

2–3 Esslöffel Limettensaft

200 ml Kokosmilch

2 Esslöffel Koriandergrün

Salz, Pfeffer, Zucker

Den Kürbis halbieren und die Kerne mit einem Löffel herausschaben. Die Hälften in Achtel schneiden, das Fruchtfleisch schälen (Hokkaido muss nicht geschält werden, seine Schale wird mitgegessen) und in grobe Stücke schneiden. Die Schalotte schälen und in feine Würfel schneiden. Die Butter in einem Topf erhitzen, Zwiebel- und Kürbiswürfel darin andünsten. Das Zitronengras und die entkernte Chilischote in sehr feine Scheiben schneiden und zusammen mit dem Ingwer, dem Curry und den ausgepulten Kardamonsamen unterrühren. Den Wein und den Gemüsefond dazugießen, mit Salz, Zucker und Limettensaft würzen und bei mittlerer Hitze zugedeckt etwa 20 Minuten kochen lassen, bis die Kürbisstücke weich sind. Mit dem Schneidstab pürieren. Die Kokosmilch unterrühren und weitere 5 Minuten köcheln lassen. Falls die Suppe zu dick ist, noch etwas Brühe zugießen. Mit Salz und Pfeffer abschmecken und vor dem Servieren mit dem fein geschnittenen Koriandergrün bestreuen.

Die Kürbissuppe verdankt ihren ungewöhnlichen Namen einer Stammkundin, die dieses Rezept vor vielen Jahren bei den Schiers einführte.

Kürbis-Maronen-Suppe mit Cognac-Sahne und Parmaschinken – *Frank Petzchen*

Für vier Personen:

100 g Butter

2 Esslöffel Zucker

200 g vakuumverpackte Maronen

200 g Hokkaido-Kürbis

600 ml Gemüsebrühe

200 ml Weißwein

250 ml Sahne

1 Esslöffel Cognac

2 Scheiben Parmaschinken

Salz, Pfeffer

Die Butter in einem Topf erhitzen und den Zucker unter ständigem Rühren hinzugeben und karamellisieren lassen. Den Kürbis waschen und in 2 cm große Würfel schneiden. Die Maronen und die Kürbisstücke in die Karamellbutter geben und etwa 5 Minuten andünsten. Die Brühe und den Wein dazugeben. Auf kleiner Flamme köcheln lassen, salzen und pfeffern. Nach einer halben Stunde vom Feuer nehmen und mit dem Stabmixer pürieren. Nochmals abschmecken und die Sahne bis auf vier Esslöffel unterrühren. Etwas einkochen lassen. Die restliche Sahne steif schlagen und mit dem Cognac vermischen. Den Parmaschinken in feine Streifen schneiden. Die Suppe in tiefe Teller füllen und mit einem Klecks Cognac-Sahne und Streifen vom Parmaschinken anrichten.

In der „Kräuterhexe“ bieten Ute und Manfred Krüger seit 13 Jahren eine Riesenauswahl an Honig, Essig, Tee, Kräutern, Gewürzen und Senf an. Früher ist Manfred Krüger oft selbst nach Frankreich und ins Süddeutsche gefahren, heute garantieren ausgewählte Lieferanten beste Qualität. In den vergangenen Jahren hat besonders der Absatz von Gewürzen zugenommen. Safran und Koriander, Piment d'Espelette und Kubeben-Pfeffer gehören heute zum Standardprogramm vieler Haushalte. Und die Kunden der „Kräuterhexe“ können sicher sein: Wenn in einer Feinschmecker-Zeitung ein seltenes Gewürz empfohlen wird, ist es ein paar Tage später im Sortiment. Auch die Senfauswahl der „Kräuterhexe“ ist unschlagbar, beinahe 30 verschiedene Sorten sind im Angebot. Einen lieben die Kunden besonders: den Düsseldorfer ABB-Senf, dessen Name sich aus den Initialen des Firmengründers Adam Bernhard Bergrath ableitet und der 1726 zum ersten Mal urkundlich erwähnt wurde. Bis heute werden die Senfkörner mit einem 500 Kilogramm schweren Granitstein vermahlen und erhalten so ihr spezielles Aroma. 1884 ging der Düsseldorfer Mostert sogar in die Kunstgeschichte ein: Vincent van Gogh verewigte einen ABB-Senftopf in seinem „Stillleben mit Steingut, Flaschen und Schachtel“. Bei der „Kräuterhexe“ gibt es ihn genau so: In kleinen Steingut-Töpfen mit blauer Schrift. Er wird aber auch in mitgebrachte Gefäße abgefüllt.

Thailändische Fischsuppe Nam Pla – *Kräuterhexe*

Für vier Personen:

- 1 Stängel Zitronengras
- 1,2 l Fischfond
- 2 Teelöffel gemahlene Galgantwurzel „Laos“
- 5 Kaffirlimettenblätter
- 500 g festes Fischfilet, zum Beispiel Pangasius- oder Tilapiafilet
- 2 Esslöffel Limonensaft
- 1 Teelöffel gemahlener Chili
- 2 Teelöffel Fischsauce

Das Zitronengras in feine Ringe schneiden. Den Fischfond mit dem Laos, dem Zitronengras und den Kaffirlimettenblättern aufkochen und etwa 15 Minuten sanft köcheln lassen. In der Zwischenzeit das Fischfilet waschen, trocken tupfen und in etwa 2 mal 2 cm große Würfel schneiden. Die Fischbrühe durch ein Sieb gießen und erneut aufsetzen. Den Limonensaft, das Chilipulver und die Fischsauce dazugeben. Die Fischfiletstücke in die Suppe geben und etwa 3 bis 4 Minuten bei kleiner Hitze gar ziehen lassen. In Suppenteller füllen und servieren.

Fischsauce gehört zu den ältesten Würzsaucen der Welt: schon die Römer verwendeten eine Fischsauce zum Würzen ihrer Speisen. Sie hieß Garum und wurde, ähnlich wie die asiatische Fischsauce, aus fermentierten Sardellen hergestellt. In vielen asiatischen Küchen, vor allem in der thailändischen, verwendet man Fischsauce – thailändisch Nam Pla – anstelle von Salz. Auch wenn ihr Geruch im ungekochten Zustand etwas streng ist, in den fertigen Gerichten schmeckt sie nicht fischig, sondern sorgt für die erwünschte exotische Note.

Die Fischsauce erhalten Sie – wie die übrigen, für das Rezept benötigten Kräuter und Gewürze – bei der „Kräuterhexe“.

MENSCH BESENFTIGE DICH
KAFFIR LIMETTEN BLÄTTER
ZIMT BLÜTE
2,80
TONKA BOHNEN
GÜNSTIG
5 LITER
54,-
49,-
Die Tradition von Kreta
NATIVES OLIVENÖL EXTRA
Terra Creta
Jordan Olivenöl
Natives Olivenöl extra vergine
ACETO

Zucchini-Erbsen-Suppe

Für vier Personen:

750 g frische Erbsen in Schoten
1 kg Zucchini
3 Esslöffel Minze
1 Knoblauchzehe
1 Schalotte
150 g Dörrfleisch
700 ml Rinderbrühe
100 ml Sahne
2 Esslöffel Olivenöl

Die Erbsen enthülsen. Die Zucchini putzen, waschen und in 1 cm breite Würfel schneiden. Die Minze waschen und fein hacken.

Knoblauch und Schalotte schälen. Speck, Knoblauch und Schalotte fein würfeln, im Olivenöl in einem großen Topf erhitzen und unter Rühren glasig dünsten. Die Zucchini dazugeben und weitere 10 Minuten dünsten, wenn nötig etwas Wasser dazugeben.

Währenddessen die Erbsen in Salzwasser gar kochen – das dauert circa 10 Minuten. Zwei Esslöffel Erbsen beiseite stellen, den Rest zu den Zucchini geben, mit der Brühe auffüllen und nochmals 5 Minuten kochen. Mit dem Schneidstab pürieren.

In die Teller füllen, mit einem Streifen Schlagsahne, der Minze und den restlichen Erbsen dekorieren.

Brunnenkressesuppe mit Vollkorncroutons

Frank Petzchen

Für vier Personen:

1 Zwiebel
2 Knoblauchzehen
4 Esslöffel Butter
1 dicke Kartoffel
1 l Hühner- oder Gemüsebrühe
2 Scheiben Vollkornbrot
1 Bund Brunnenkresse
1 Esslöffel Crème fraîche
Salz, Pfeffer
Worcestershiresauce

Die Zwiebel und die Knoblauchzehen schälen, fein würfeln und in 2 Esslöffeln heißer Butter andünsten. Die Kartoffel schälen, fein reiben und unterrühren. Mit der Brühe auffüllen und zugedeckt etwa 20 Minuten köcheln lassen.

Das Vollkornbrot in 1 cm große Würfel schneiden und in einer Pfanne mit der restlichen Butter anrösten.

Die Brunnenkresse waschen, verlesen und trocken schleudern. Die Kresseblätter 5 Minuten vor Ende der Kochzeit in die Brühe geben und etwa 5 Minuten mitkochen lassen. Mit dem Schneidstab fein pürieren, die Crème fraîche einrühren und die Suppe mit Salz, Pfeffer und etwas Worcestershiresauce abschmecken.

Die Suppe in tiefe Teller füllen und mit den Vollkorncroutons bestreut servieren.

Petersilienwurzel-Cremesuppe – *Frank Petzchen*

Für vier Personen:

100 g Zwiebeln

500 g Petersilienwurzel

1 Esslöffel Butterschmalz

100 ml Weißwein

600 ml Hühnerfond

150 ml Sahne

80 g Lauch, nur den weißen und hellgrünen Teil

1 Esslöffel abgezupfte Kerbelblättchen
Salz, Pfeffer

Zwiebeln und Petersilienwurzel schälen, in feine Würfel schneiden und im heißen Butterschmalz andünsten. Mit Weißwein und Hühnerfond auffüllen, mit Salz und Pfeffer würzen und etwa 15 Minuten köcheln lassen. Die Sahne dazugießen, aufkochen lassen, mit dem Schneidstab pürieren und durch ein Sieb passieren.

Den Lauch waschen und in sehr feine Streifen schneiden, kurz in kochendem Salzwasser blanchieren, herausnehmen und auf vier tiefe Teller verteilen. Die Suppe dazugeben und mit den Kerbelblättchen bestreuen.

Lauch-Spargel-Cremesuppe – *Peter Weitz jr., Obst und Gemüse*

Für vier Personen:

400 g grüner Spargel

2 Stangen Lauch

100 g Kartoffeln

etwas Butter

300 ml Milch

300 ml Wasser

200 g Crème fraîche

Salz, Pfeffer

Den Spargel waschen, die Enden abschneiden und die Stangen in etwa 3 cm lange Stücke schneiden. Die Spargelspitzen beiseite stellen. Den Lauch putzen, nur die weißen und hellgrünen Teile in schmale Ringe schneiden und waschen. Die Kartoffeln schälen, waschen und in Würfel schneiden. In einem Topf etwas Butter auslassen und die Spargelstücke, den Lauch und die Kartoffelwürfel sanft andünsten und leicht salzen. Mit Wasser und Milch ablöschen und bei mittlerer Hitze etwa 20 Minuten zugedeckt leicht köcheln lassen. Die Spargelspitzen in kochendem Salzwasser in 5 Minuten bissfest kochen, danach mit einem Schaumlöffel herausheben. Die Suppe mit dem Schneidstab pürieren, die Crème fraîche unterrühren, wieder erhitzen und mit Salz und Pfeffer und abschmecken.

In tiefen Tellern anrichten, die Spargelspitzen auf der Suppe verteilen.

2,49
CHANABEL

Rote-Bete-Suppe mit Ingwer – *Willi Basen, Gemüse*

Für vier Personen:
500 g rote Bete
150 g Kartoffeln
50 g frischer Ingwer
20 g Butter
750 ml Gemüsebrühe
150 ml süße Sahne
Crème frâche
Salz, Pfeffer

Die Rote-Bete-Knollen und die Kartoffeln waschen, schälen (am besten mit Küchenhandschuhen, da Rote Bete stark färbt) und in 2 cm große Würfel schneiden. Den Ingwer schälen und in dünne Scheiben schneiden. Die Gemüse in der Butter bei mittlerer Hitze 5 Minuten anschmoren. Die Brühe angießen und zum Kochen bringen. Bei mittlerer Hitze 30 bis 40 Minuten köcheln lassen, bis die Gemüse weich sind. Die Suppe mit dem Schneidstab nicht allzu fein pürieren. Die Sahne bis auf 4 Esslöffel in die Suppe geben und aufkochen, mit Salz und Pfeffer abschmecken. Die Suppe in Teller füllen und mit der restlichen Sahne vorsichtig eine Spirale in die Suppe „malen“.

Ingwer-Karotten-Suppe – *Jupp, Uhren-Jupp*

Für vier Personen:
1 kg Karotten
1 große Zwiebel
1 Stück Ingwer, etwa 4 cm lang
1 l Gemüsebrühe
1 Orange
3 Esslöffel Olivenöl
Salz, Pfeffer

Die Karotten schälen und in nicht zu dünne Scheiben schneiden. Die Zwiebel schälen, in Würfel schneiden und in heißem Öl andünsten. Die Möhrenscheibe dazugeben und etwa 5 Minuten anrösten. Den Ingwer schälen, ganz fein würfeln und zu den Karotten geben. Die Brühe angießen und etwa 15 Minuten leicht köcheln lassen. Mit dem Stabmixer pürieren, mit Salz und Pfeffer abschmecken. Die Orange auspressen und den Saft zum Schluss in die Suppe geben.

Die Suppe in tiefe Teller füllen und mit einem Klecks Crème fraîche servieren

Möhren und Orangen passen wunderbar zusammen: Die Orange intensiviert die Süße des Gemüses.

Düsseldorfer Stielmuseintopf mit frischer Bratwurst *– Peter Weitz jr., Obst und Gemüse*

Für vier Personen:

1 kg Suppenfleisch

2 Zwiebeln

1,5 kg Stielmus

1,5 kg überwiegend festkochende Kartoffeln

Salz, Pfeffer

4 frische Bratwürste à 200 g

Butter

Das Fleisch in einem großen Suppentopf in 1 l Wasser mit 2 Teelöffeln Salz aufsetzen und zum Kochen bringen. Die Zwiebeln schälen, in grobe Stücke schneiden und zum Fleisch geben. Aufkochen lassen, und bei mittlerer Hitze sanft blubbernd etwa 1 Stunde lang garen.

In der Zwischenzeit das Stielmus von den Blattspitzen und den Enden befreien, in 2 bis 3 cm cm große Stücke schneiden und gründlich waschen. Nach einer halben Stunde das abgetropfte Gemüse zum Fleisch geben und mitkochen.

Die Kartoffeln schälen, in kleine Würfel schneiden und in leicht gesalzenem Wasser in etwa 20 Minuten gar kochen.

Das Fleisch aus dem Sud nehmen und in kleine Würfel schneiden. Vom Kochsud 500 ml aufbewahren. Die Kartoffeln und das Gemüse im Topf miteinander zerstampfen. Mit Salz und Pfeffer abschmecken und je nach Wunsch mit der Gemüsebrühe mehr oder weniger flüssig machen. Die Fleischwürfel dazugeben.

Die Bratwurst in einer Pfanne mit Butter unter mehrmaligem Wenden langsam braten. Es dauert etwa 10 bis 15 Minuten, bis die Würste schön braun sind. Den Stielmuseintopf auf Suppenteller geben und die Bratwurst darauf anrichten.

Stielmus, auch als Stängelmus oder Rübstielchen bekannt, ist ein im Rheinland und in Westfalen, aber auch in den Niederlanden bekanntes und beliebtes Gemüse. Es gehört zu den Blattsenfarten, einer Reihe von unterschiedlichen Blattgemüsen, die einen mehr oder weniger ausgeprägten scharfen Geschmack haben. Stielmus wird, im Gegensatz zu anderen Rüben, geerntet, bevor sich die Rübe voll ausgebildet hat. Gegessen wird nur das Kraut. Es muss sehr frisch verarbeitet werden, weil die zarten Blätter schnell welken. Sie haben einen leicht säuerlichen Geschmack, werden meistens als Gemüsebeilage zu den regionalen Fleischgerichten, aber auch wie hier als Eintopf gegessen.

Leckere Alternativen zum Stielmus sind Maiwirsing oder Spitzkohl.

Mami's Liebling
DOG DAY
DER TAG DES HUNDES
Dog-Y-Cat
Haute Couture
for your Pet
defu
biofutter

Linssen
Roses

DE CECCO
Rigatoni n°24
500g
Farfalle
Specialità
Fettuccelle n°6
Linguine piccole n°8
Fedelini n°10
Spaghetti n°12
Bucatini piccoli n°14
Paccheri

Pasta, Risotto, Knödel

Michael Wimmer erkannte den hohen Kirchenherrn sofort: Als der Kölner Kardinal Meissner neulich in einem ganz normalen Straßenanzug über den Carlsplatz ging, rief er ihn an seinen Stand und verwickelte ihn in ein „Glaubensgespräch". Der Kardinal sei sehr freundlich gewesen, gar nicht unnahbar, sagt Wimmer. Bevor Meissner nach Köln zurückfuhr, schenkte er ihm einen guten Wein – aber nicht als Messwein: „Den sollte er mit seinen Brüdern trinken!" Der gebürtige Österreicher Wimmer ist gelernter – und leidenschaftlicher – Koch, bis vor einigen Jahren betrieb er ein von Gourmet-Führern mit Löffeln, Hauben und Sternen dekoriertes Restaurant. Jetzt verkauft er zur Freude seiner Kundschaft auf dem Carlsplatz italienische Spezialitäten. Sehr beliebt sind seine selbst gemachten, frischen Nudeln, pur oder mit allen erdenklichen Füllungen (zum Beispiel Spargel oder Kürbis), die er gerne jahreszeitlich abstimmt, der Renner aber sind die Trüffel-Ravioli. Frisch hergestellt sind auch das steirische Kürbiskern-Pesto und die Käsecrème-Kreationen (wie etwa Ziegenfrischkäse mit Bärlauch). Zum Standardangebot zählen luftgetrocknete Würste, zarter Schinken und selbstverständlich weiße und schwarze Trüffel (auch solche aus Schokolade).

Grundrezept für Nudelteig – *Michael Wimmer, Pasta Fresca*

Ergibt etwa 15 Portionen:

700 g Hartweizengrieß
300 g Mehl
10 Eier
2 Esslöffel Olivenöl
2 Esslöffel Wasser
Salz

Die Zutaten in einer Schüssel vermischen und von Hand 20 Minuten kräftig kneten. Währenddessen darauf achten, dass es keinen Durchzug gibt, das würde der Teig übel nehmen. Aus dem Teig eine Rolle formen, in Frischhaltefolie einwickeln und mindestens 1 Stunde, besser 2 Stunden, an einem kühlen Ort ruhen lassen. Anschließend Scheiben abschneiden, dünn ausrollen und in Streifen der gewünschten Breite schneiden.

Wer eine Nudelmaschine besitzt, kann den Teig auch mit ihrer Hilfe auswalzen.

Spaghetti mit Kapern und Mandeln

Für vier Personen.

500 g Spaghetti
60 g gesalzene Kapern
2 Knoblauchzehen
1 Zweig Basilikum
4 reife Tomaten
2 Esslöffel Olivenöl
125 g gemahlene Mandeln
Salz, Pfeffer

Die Kapern in kaltes Wasser legen. Den Knoblauch schälen und klein hacken. Die Basilikumblätter abzupfen und in feine Streifen schneiden. Die Tomaten mit heißem Wasser überbrühen, schälen, achteln, entkernen und abtropfen lassen. 2 Esslöffel Öl bei mittlerer Temperatur in einer Pfanne erhitzen. Den Knoblauch und die gemahlenen Mandeln (1 Esslöffel beiseite stellen) hineingeben und unter Rühren 3 bis 4 Minuten dünsten. Die Kapern abgießen, mit kaltem Wasser abspülen und 4 bis 5 Minuten mitschmoren lassen. Mit den Basilikumstreifen bestreuen (ein paar für die Dekoration zur Seite legen), mit Pfeffer würzen und zugedeckt warm stellen.

In einer zweiten Pfanne bei mittlerer Temperatur 1 Esslöffel Öl erhitzen und die Tomatenachtel hinein geben. Die Feuchtigkeit verdampfen lassen, die Tomaten mit der Gabel leicht zerdrücken, mit Salz und Pfeffer würzen und zugedeckt warm halten.

In der Zwischenzeit die Spaghetti in reichlich Salzwasser al dente kochen, abtropfen lassen und in eine tiefe Schüssel geben. Die Kapern-Mandel-Mischung dazugeben und gründlich unterheben.

Die geschmorten Tomaten darauf verteilen, mit einer Prise Mandeln und Basilikumstreifen bestreuen und heiß servieren.

Spaghetti mit dreierlei Pilzen – *Judith Lamprecht, Dog-y-cat*

Für vier Personen:

- 10 g getrocknete Mischpilze
- 1 Zwiebel
- 150 g Austernpilze
- 150 g Champignons
- 150 g Karotten
- 4 Esslöffel Butter
- 100 g Mascarpone
- 100 ml Milch
- Salz
- Pfeffer
- 50 g frisch geriebener Parmesan

Die getrockneten Mischpilze mit kochendem Wasser bedecken und eine halbe Stunde ziehen lassen.

Die Zwiebel schälen und fein würfeln. Die frischen Pilze säubern und in feine Scheibchen schneiden. Die Zwiebelwürfel in einem Esslöffel Butter andünsten, die eingeweichten Pilze zusammen mit der Flüssigkeit dazugeben und die Flüssigkeit auf ein Viertel einkochen lassen.

Die Karotten putzen und in feine Scheiben hobeln. Die restliche Butter erhitzen und die Karotten darin andünsten. Die frischen Pilze dazugeben und kurz mit dünsten, mit Salz und Pfeffer kräftig würzen. Die Pilz-Zwiebel-Mischung unterrühren und den Mascarpone dazugeben. Nach und nach nur so viel Milch dazugießen, dass die Sauce schön cremig wird.

Die Spaghetti al dente kochen, abgießen und auf Tellern verteilen. Die Pilzsauce darüber geben und mit geriebenem Parmesan bestreuen.

Spaghetti mit Steinpilz-Pesto – *Angelika Schidan, Obst, Gemüse, Pilze*

Für vier Personen:

- 500 g Spaghetti
- 400 g Steinpilze
- 1 Zitrone
- 120 ml Weißwein
- 4 Knoblauchzehen
- 1 Zwiebel
- 40 g geschälte Mandeln
- 80 g Rucola
- 1 Salbeizweig
- 100 g Parmesan
- 120 ml Olivenöl
- Salbei und Rosmarin zum Garnieren
- Salz, Pfeffer

Die Steinpilze verlesen, putzen, in kleine Stücke schneiden und in eine Schüssel geben. Die Zitrone auspressen und den Saft über die Pilze träufeln. Den Weißwein dazugießen. Die Mandeln hacken. Die Knoblauchzehen und die Zwiebel schälen und fein würfeln. Den Rucola und den Salbei verlesen, waschen und grob hacken. Alle Zutaten mit dem Schneidstab pürieren. ⅔ des Parmesankäses reiben und mit dem Olivenöl in die Pilzmasse einrühren. Die Masse in einer Pfanne erhitzen.

In der Zwischenzeit die Spaghetti in ausreichend Salzwasser bissfest kochen, abgießen, gut abtropfen lassen und in die Pfanne geben. Mit der Pilzmasse gründlich vermischen, mit Salz und Pfeffer abschmecken und auf vier Tellern anrichten. Den restlichen Parmesan darüber hobeln, mit Salbeiblättern und Rosmarin garnieren und sofort servieren.

Bevor Sie die Steinpilze pürieren, können sie ein schönes Exemplar in Scheiben schneiden, in Olivenöl oder Butter braten und zum Schluss auf die Spaghetti geben.

Peter Latzen betreibt seinen „Biokonsum“ in einem alten, grünen Marktwagen – von der Decke baumeln weiße Baumwollsäckchen, in denen Kräuter, Rosenblätter und Kamille aufbewahrt werden. Das Warenangebot ist bunt und international: Die Kunden finden hier indische Currys und Konfitüren, Spitzmorcheln, Goji-Beeren, Korinthen und Kokosraspel, hinter dickwandigem Glas schimmert rosa das Steinsalz aus dem Himalaya. Vor dem Wagen türmen sich die blau-grauen Töpfe des Düsseldorfer Senfs und rechts daneben stehen kleine Körbe mit biologisch angebauten Äpfeln, Birnen oder Mirabellen; alles so liebevoll arrangiert, dass man für einen kurzen Moment meint, man stünde in Großmutters Garten – und gleich käme sie mit einem Glas frisch eingelegter Gurken um die Ecke. Peter Latzen ist gelernter Architekt, den Stand auf dem Markt übernahm er 2003 von einem verstorbenen Freund.

Scharfe Spaghetti mit Shrimps und Koriander

Peter Latzen, Biokonsum

Für vier Personen:

350 g Spaghetti, am besten passen dünne Spaghettini oder Vermicelli

200 g gekochte, geschälte Shrimps

4 Knoblauchzehen

1 kleiner Bund Koriander

1 frische rote Chilischote, wer's scharf mag, nimmt 2 Schoten

5 Esslöffel Olivenöl

Salz

Die Spaghetti al dente kochen. In der Zwischenzeit die Shrimps waschen und trocken tupfen. Die Knoblauchzehen schälen, die Chilischote aufschlitzen und die Kerne entfernen. Knoblauch und Chili in kleine Würfel schneiden. Den Koriander waschen, die Blättchen abzupfen und fein hacken. Das Olivenöl in einer Pfanne erhitzen, Knoblauch und Chili darin anbraten (aber nicht zu kräftig, da der Knoblauch schnell verbrennt), salzen. Die Shrimps in die Pfanne geben und ganz kurz erhitzen, aufpassen, dass sie nicht trocken werden.

Die Spaghetti abgießen, abtropfen lassen, in eine vorgewärmte Schüssel geben und mit der Shrimps-Chili-Sauce vermischen. Mit Koriander bestreuen und sofort servieren.

KORINTHEN
-NATUR-
100gr. 1,-
100gr. 2,-

Tagliatelle mit Bärlauchpesto

Für vier Personen:
- 75 g Pinienkerne
- 10 g Meersalz
- 150 g Bärlauch
- 150 g Parmesan
- 250 ml bestes Olivenöl
- 500 g Tagliatelle

Die Pinienkerne in einer Pfanne ohne Fett goldbraun rösten und abkühlen lassen. Den Bärlauch waschen, die Stiele abschneiden und die Blätter fein hacken. Den Parmesan grob reiben. Die Zutaten im Mörser zerstoßen und mit dem Olivenöl verrühren.

In der Zwischenzeit die Tagliatelle al dente kochen, abgießen und mit dem Pesto gründlich vermischen.

Das Pesto lässt sich auch gut in größeren Mengen zubereiten und kann 1 bis 2 Wochen im Marmeladenglas im Kühlschrank aufbewahrt werden – es schmeckt allerdings so gut, dass es dieses Alter selten erreicht. Probieren Sie das Bärlauchpesto doch mal zu Kartoffeln und Spargel!

Der Bärlauch erlebt seit einigen Jahren eine wahre Renaissance, obwohl er eine altbekannte Gemüse-, Gewürz- und Heilpflanze ist, die schon die alten Germanen benutzten. Die frischen Blätter sind ab Mitte März bis Mitte Juni auf dem Markt erhältlich: Hauptzeit des Bärlauchs ist der Mai. Geruch und Geschmack ähneln dem des Knoblauchs, sind aber deutlich milder.

Pesto aus kalt gepresstem Olivenöl hat oft eine Bitternote, auch wenn man allerbestes Öl verwendet. Einige Fernsehköche und Foodblogs haben bereits über dieses Phänomen berichtet und raten zur Verwendung von neutralem Pflanzenöl. Möchten Sie auf den Geschmack von kalt gepresstem Olivenöl nicht verzichten, sollten Sie das Pesto besser in einem Mörser zubereiten. Ist Ihnen das zu viel Arbeit, nehmen Sie neutrales Öl und aromatisieren Sie das Pesto zum Schluss mit kalt gepresstem Olivenöl.

Penne mit Thunfisch, Tomaten und Oliven

Für vier Personen:

- 4 Knoblauchzehen
- ½ frische Chilischote
- 6–8 in Öl eingelegte Sardellenfilets
- 1 Bund glatte Petersilie
- 200 g schwarze, entsteinte Oliven
- 2 Esslöffel Olivenöl
- 400 g Thunfisch im eigenen Saft, aus der Dose
- 500 ml stückige Tomaten aus der Dose
- 1 gehäufter Teelöffel Instant-Gemüsebrühe
- Salz, Pfeffer
- 500 g Penne rigate

Die Knoblauchzehen pellen und in feine Scheiben schneiden. Die Chilischote längs aufschlitzen, die Kerne entfernen und in sehr feine Streifen schneiden. Die Sardellenfilets abspülen, abtupfen und zerkleinern. Die Petersilie waschen, die Blättchen abzupfen und hacken. Die Oliven halbieren und in feine Streifen schneiden. Das Olivenöl in einem Topf erhitzen, den Knoblauch und die Sardellen unter ständigem Rühren anbraten, die Chilischote zufügen und kurz mit dünsten. Den Thunfisch abgießen und in grobe Stücke zerpflücken. Zusammen mit den Dosentomaten – vorsichtig, es spritzt – einrühren. Die Olivenstreifen mit der Gemüsebrühe und der Hälfte der Petersilie in die Sauce geben, mit Salz und Pfeffer würzen und 45 Minuten köcheln lassen. Falls die Sauce zu dick wird, mit etwa Wasser verdünnen.

In der Zwischenzeit die Penne gar kochen, auf Tellern anrichten und großzügig mit der Sauce übergießen. Die restliche Petersilie darüber streuen.

Wirkt von November bis März als Antidepressivum!

Cannelloni mit Waldpilzfüllung und Trüffel

Frank Petzchen

Für vier Personen:

Füllung:

600 g gemischte Waldpilze (etwa Wiesenchampignons, Trompetenpilze, Steinpilze)

7 Schalotten

Olivenöl

50 ml roter Portwein

2 Zweige Thymian

500 ml Sahne

Salz, weißer Pfeffer

1 Päckchen tiefgefrorene quadratische Wan-Tan-Blätter, 24 Blätter

250 ml Kalbsfond

1 frischer, etwa 50 g schwerer weißer Trüffel

Den Backofen auf 180 Grad vorheizen.

Die Pilze putzen und in Stifte schneiden. 4 Schalotten schälen, fein würfeln und in etwas Olivenöl glasig anschwitzen. Die Pilze zugeben und ebenfalls für einige Minuten mit andünsten. Mit Salz und Pfeffer abschmecken und einen Thymianzweig dazugeben. Einen großzügigen Schuss Portwein zugießen und auf die Hälfte einkochen lassen. Mit 250 ml Sahne aufgießen und auch diese so lange reduzieren lassen, bis die ganze Pilzmasse eine cremige Konsistenz hat. Den Thymianzweig entfernen, die Pilze beiseite stellen und warm halten.

Die leicht angetauten Wan-Tan-Blätter einzeln in kochendem Salzwasser für 30 Sekunden blanchieren und auf einem mit Olivenöl bestrichenen großen Brett ausbreiten. Mit Küchenpapier vorsichtig trocken tupfen.

Für die Sauce die restlichen Schalotten schälen, fein würfeln, in etwas Olivenöl anschwitzen und mit einem Schuss Portwein ablöschen. Mit dem Kalbsfond aufgießen und auf 1/3 der Flüssigkeit einkochen lassen. Mit der restlichen Sahne aufgießen und wieder reduzieren. Die Sauce mit dem Stabmixer pürieren, durch ein Sieb passieren und warm halten.

Einen schmalen Streifen Pilzmasse auf eine Seite der Wan-Tan-Blätter platzieren und aufrollen. Die Cannelloni auf ein gefettetes Backblech legen und im heißen Ofen 2 bis 3 Minuten backen. Sofort auf Tellern anrichten, mit der Sauce überziehen und großzügig Trüffelscheibchen darüber hobeln.

Ravioli mit Kürbisfüllung

Für sechs Personen:

Teig:

300 g Mehl

2 Eier

1 Esslöffel Olivenöl

1 Teelöffel Salz

2–3 Esslöffel Wasser

Füllung:

1 Schalotte

2 Knoblauchzehen

300 g Muskatkürbis, geschält und von den Kernen befreit

40 g entsteinte, grüne Oliven

1 Teelöffel Fenchelsamen

Meersalz

3 Ziegenfrischkäse

3 Esslöffel Olivenöl

Sauce:

750 g Tomaten

1 Esslöffel Balsamico-Essig

1 Teelöffel Honig

1 Handvoll gehackte, glatte Petersilie

2 Esslöffel Olivenöl

Salz, Pfeffer

1 Bund Salbei

3 Esslöffel Olivenöl

Aus den Teigzutaten in der Küchenmaschine einen geschmeidigen Teig kneten – mit etwas Wasser gelingt das auch mit den Händen. Den Teig in ein feuchtes Küchentuch wickeln und bei Zimmertemperatur mindestens 2 Stunden ruhen lassen.

Zwiebel und Knoblauch schälen und fein hacken, den Kürbis in 2 cm große Würfel schneiden. Die Oliven in der Küchenmaschine pürieren. Den Fenchelsamen mit 1 Teelöffel Meersalz im Mörser zerreiben. Den Ziegenfrischkäse grob zerteilen.

Zwiebel und Knoblauch in einer beschichteten Pfanne im Olivenöl anschwitzen, den Kürbis dazugeben, klein stellen und zugedeckt 7 Minuten dünsten. Salzen und nochmals 5 Minuten schmoren, bis der Kürbis zerfällt. Vom Herd nehmen und die Oliven und das Fenchelsalz darunter mischen. Den Ziegenkäse vorsichtig unterheben.

Den Teig nochmals durchkneten und dünn ausrollen. Das geht am besten mit einer Nudelmaschine, wo er bis Stufe 6 gewalkt wird. Auf die Hälfte des Teigs im Abstand von 4 cm einen Esslöffel der Füllung geben, mit der anderen Teighälfte abdecken. Mit einem Teigrädchen 4 cm große Quadrate ausschneiden, die Ränder gut andrücken. Die Ravioli auf Küchentücher legen und 30 Minuten trocknen lassen.

Die Tomaten häuten, vierteln, entkernen und in 1 cm große Würfel schneiden. Kurz im Olivenöl anschwitzen, mit Balsamico, Honig, Petersilie, Salz und Pfeffer würzen. Die Salbeiblätter abzupfen, waschen, gut abtrocknen und in einer Pfanne im Olivenöl knusprig braten.

In einem großen Topf Salzwasser zum Kochen bringen, die Ravioli hineingleiten lassen und in 3 bis 4 Minuten bissfest kochen. Vorsichtig mit dem Schaumlöffel aus dem Wasser fischen, gut abtropfen lassen, auf die Teller verteilen und mit den Tomatenwürfeln und den Salbeiblättchen servieren.

Crespelle mit Spinat-Ricotta-Creme

Für vier Personen:

Crespelle:

120 g Mehl

250 ml Milch

6 Eier

60 g Butter

Salz

Butter zum Ausbacken

Füllung:

2 Schalotten

2 Knoblauchzehen

2 Esslöffel Olivenöl

500 g junger Blattspinat

250 g Ricotta

30 g geriebener Parmesan

1 Zitrone

Salz, Pfeffer, Muskat

Aus dem Mehl, der Milch, den Eiern, der geschmolzenen Butter und einer Prise Salz einen glatten Teig rühren und eine halbe Stunde ruhen lassen.

Die Schalotten und die Knoblauchzehen schälen und fein würfeln. In einem großen Topf das Olivenöl erhitzen und die Zwiebeln und den Knoblauch andünsten. In der Zwischenzeit den Spinat waschen und tropfnass in den Topf geben. Zugedeckt 3 bis 4 Minuten kochen lassen, bis der Spinat zusammengefallen ist. Den Spinat in ein Sieb abgießen und etwas ausdrücken. Zurück in den Topf geben, den Ricotta zufügen und beides gut vermischen. Mit Salz, Pfeffer und etwas Muskatnuss würzen und beiseite stellen.

Den Backofen auf 200 Grad vorheizen.
In einer Pfanne jeweils etwas Butter erhitzen und aus dem Teig nacheinander 12 hauchdünne Pfannkuchen backen. Jeden Pfannkuchen mit der Spinat-Ricotta-Füllung bestreichen und aufrollen. In eine gebutterte Auflaufform legen und mit dem geriebenen Parmesan bestreuen. Im heißen Backofen etwa 15 Minuten überbacken. Je drei Crespelle und ein Zitronenviertel auf einem Teller anrichten. Wer mag, träufelt Zitronensaft über die Pfannkuchen.

Risotto mit Meeresfrüchten

Für vier Personen:

2 Schalotten

50 g Butter

400 g Risotto-Reis

150 ml Weißwein (trocken)

1 l Fischfond

500 g gemischte, rohe, küchen fertige Meeresfrüchte, zum Beispiel Garnelen, Tintenfisch, Mies- und Venusmuscheln

Salz, Pfeffer

2 Zitronen

Die Schalotten schälen und fein würfeln. Die Butter in einer großen Pfanne schmelzen und die Zwiebelwürfel darin andünsten. Den Reis zugeben und unter Rühren anbraten, bis er glasig wird. Mit dem Wein ablöschen und weiterrühren, bis die Flüssigkeit eingekocht ist. Die Temperatur so weit verringern, dass der Reis nur leise blubbert. Immer wieder eine Kelle Fischfond dazugeben und rühren, bis die Flüssigkeit eingekocht ist. Insgesamt dauert es circa 20 Minuten, bis der Reis gar ist. Die Meeresfrüchte in einem Sieb abspülen, abtropfen lassen und in mundgerechte Stücke schneiden. 5 Minuten bevor das Risotto fertig ist, die Meeresfrüchte unterheben und gar ziehen lassen.

Eine Zitrone samt weißer Haut abschälen, das Fruchtfleisch aus den Spalten lösen, klein schneiden und unter das Risotto heben. Risotto vom Herd nehmen, mit Salz, Pfeffer und dem Saft der zweiten Zitrone abschmecken und sofort servieren.

Risotto mit grünem Spargel

Für vier Personen:
- 2 Schalotten
- 500 g grüner Spargel
- 50 g Butter
- 400 g Risotto-Reis
- 150 ml trockener Weißwein
- 1 l Gemüse- oder Hühnerbrühe
- 100 g geriebener Parmesan
- 1 ungespritzte Zitrone
- Salz, Pfeffer

Die Zwiebeln schälen und fein würfeln. Den Spargel waschen und die Enden abschneiden. Die Spargelköpfe abschneiden und beiseite legen, die Stangen in 2 cm lange Stücke schneiden. Die Butter in einer großen Pfanne schmelzen. Zwiebelwürfel und Spargelstücke darin andünsten. Den Reis zugeben und unter Rühren anbraten, bis er glasig wird. Mit dem Wein ablöschen und weiterrühren, bis die Flüssigkeit verkocht ist. Die Temperatur so weit verringern, dass der Reis noch leise köchelt. Immer wieder eine Kelle Brühe zugeben, rühren, bis die Flüssigkeit eingekocht ist. Insgesamt dauert es circa 20 Minuten, bis der Reis gar ist. Er soll weich sein, aber im Kern noch Biss haben. Nach der Hälfte der Zeit die Spargelköpfe dazugeben. Die Zitrone heiß abwaschen, trocken reiben und hauchdünn schälen. Die Schale in sehr feine Streifen schneiden. Das Risotto vom Herd nehmen, den Parmesan (bis auf 4 Esslöffel) und die Zitronenschalen unterrühren, mit Salz und Pfeffer abschmecken und noch 2 Minuten ziehen lassen. Anschließend auf vier Tellern anrichten und mit dem restlichen Parmesan bestreuen.

Vialone, Arborio oder Carnaroli: Welcher Risotto-Reis Ihnen am besten schmeckt, müssen Sie ausprobieren. Feinschmecker schwören auf Carnaroli. Er hat längliche Körner und passt besonders gut zu Fisch. Arborio und Vialone sind runder und eignen sich gut für Gemüserisotto.

Genauso wichtig wie ein guter Reis ist eine gute Brühe (ein Rezept für Gemüsebrühe finden Sie auf S. 59). Wenn Sie diese nicht selbst kochen wollen, können Sie auch eine fertige Brühe verwenden – die sollte aber auf keinen Fall künstliche Aromen und Glutamat enthalten

Sommerpizza

Für vier Personen:

Teig:

300 g Mehl

5 Esslöffel Olivenöl

1 Teelöffel Salz

½ Würfel Hefe

Mehl zum Bestäuben

Belag:

500 g Cocktailtomaten

200 g Rucola

500 g Parmaschinken

100 g Parmesan

Olivenöl: gutes zum Backen, sehr gutes zum Beträufeln

Das Mehl in eine Schüssel geben, mit dem Salz und dem Öl verrühren. Die Hefe in 150 ml lauwarmes Wasser krümeln, verrühren und ins Mehl gießen. Den Teig auf eine mit Mehl bestäubte Arbeitsfläche geben und so lange kneten, bis er schön glatt und geschmeidig ist. Wieder in die Schüssel legen, mit einem Tuch zudecken und 30 Minuten an einem warmen, zugfreien Ort gehen lassen.

Den Backofen auf 250 Grad vorheizen.

Ein Backblech mit Olivenöl einfetten, den Teig dünn darauf ausrollen und mit Olivenöl bestreichen. Auf der mittleren Schiene des Backofens in 10 bis 12 Minuten knusprig backen.

In der Zwischenzeit die Tomaten waschen und halbieren. Den Rucola waschen, die groben Stiele abschneiden und in mundgerechte Stücke zupfen. Die Pizza aus dem Ofen nehmen und in 4 große oder 8 kleine Teile schneiden. Mit dem Schinken belegen, den Rucola und die Tomaten darüber verteilen und mit dem frisch gehobelten Parmesan bestreuen.

Zum Schluss ein paar Spritzer sehr gutes Olivenöl, das auch mit Chili aromatisiert sein darf, darüber träufeln.

Tiroler Spinatknödel – *Peter Latzen, Biokonsum*

Für vier Personen:

300 g altbackenes Weißbrot

¼ l Milch

750 g frischer Spinat

1 kleine Zwiebel

1 Knoblauchzehe

2 Esslöffel Mehl

1–2 Esslöffel frisch geriebene Semmelbrösel

2 Eier

50 g Speck

etwa 60 g Parmesan

60 g Butter

Salz, Pfeffer, Muskat

Das Brot in feine Streifen schneiden, mit der angewärmten Milch übergießen und mindestens 10 Minuten ziehen lassen. Den Spinat verlesen, waschen und gut abtropfen lassen. Mit einem Messer grob hacken. Die Zwiebel und die Knoblauchzehe schälen, sehr fein würfeln und in einem großen Topf in etwas Butter anschwitzen. Den Spinat dazugeben und etwa 5 Minuten zugedeckt kochen lassen, bis er zusammenfällt; in einem Sieb abtropfen lassen.

Das Mehl und die Semmelbrösel über das eingeweichte Brot streuen. Die Eier verquirlen, den Speck fein würfeln und zusammen mit dem Spinat zur Brotmasse geben. Mit Salz, Pfeffer und Muskat würzen und gut vermischen.

Aus der Masse mit angefeuchteten Händen 10 bis 12 Knödel formen, etwa 4 bis 5 cm im Durchmesser, und in siedendem Salzwasser 15 bis 20 Minuten ziehen lassen. In der Zwischenzeit den Parmesan reiben und die Butter in einem Pfännchen bräunen. Die Knödel mit einem Schaumlöffel herausnehmen und gut abtropfen lassen. Mit der zerlassenen Butter übergießen, mit viel Parmesan bestreuen und sofort servieren.

Wer es noch würziger mag, kann die Speckwürfel in etwas Öl anbraten, bevor sie in die Spinat-Brot-Masse kommen.

Kaasspatzen – *Frank Petzchen*

Für vier Personen:

2 mittelgroße Zwiebeln
500 g Mehl
3 Eier
¼ l lauwarmes Wasser
1 Teelöffel Salz
100 g geriebener Emmentaler
100 g geriebener Tilsiter
Öl und Butter

Den Backofen auf 80 Grad erhitzen und eine Schüssel darin erwärmen. Einen großen Topf mit Wasser zum Kochen bringen. In der Zwischenzeit die Zwiebeln schälen und in feine Ringe schneiden. In einer Pfanne in Öl und Butter goldbraun braten und zur Seite stellen.

Aus dem Mehl, den Eiern, ¼ l lauwarmen Wasser und dem Salz einen festen Teig rühren, der beim Schlagen Blasen wirft. Den Teig portionsweise in eine Spätzlepresse geben und in das kochende Wasser drücken, oder – wer diese Technik beherrscht – den Teig von einem Holzbrett mit einem Messer direkt in das Wasser schaben. Die Spätzle gar ziehen lassen. Wenn sie nach etwa 5 Minuten an die Oberfläche steigen, mit einem Schaumlöffel herausheben und in die warme, mit Butter ausgestrichene Schüssel geben. Mit dem gemischten geriebenen Käse bestreuen und, während die zweite Lage Spätzle hergestellt wird, zum Warmhalten wieder in den Ofen stellen. Die nächste Lage Spätzle darauf verteilen, wieder Käse darüber streuen und in den Ofen stellen. Auf diese Weise drei Lagen Spätzle und drei Lagen Käse aufeinander schichten.

Zum Schluss die Röstzwiebeln darüber geben und sofort servieren.

Steinpilz-Trüffel-Pesto – *Michel Schier, Obst und Gemüse*

Für vier Personen:

600 g frische Steinpilze, am besten deutsche aus der Eifel

100 g Parmigiano Reggiano am Stück

125 g küchenfertige Esskastanien, vakuumverpackt

100 ml Olivenöl

90 ml weißes Trüffelöl

500 g feine Bandnudeln oder Trüffelnudeln

1 frischer, etwa 50 g schwerer Trüffel

Fleur de Sel

Die Steinpilze putzen und knapp mit Wasser bedeckt in Salzwasser etwa 10 Minuten kochen lassen. Die Pilze abgießen und gut auspressen. (Wenn Sie das Kochwasser auffangen und es zu einer zähflüssigen Masse einkochen lassen, erhalten Sie einen intensiven Extrakt, der sich gut zum Verfeinern und Aromatisieren von Suppen, Saucen und Pilzgerichten eignet.)

Den Parmesan fein würfeln und zusammen mit den Esskastanien und den gekochten Steinpilzen mit dem Stabmixer fein pürieren. Nach und nach das Oliven- und das Trüffelöl zugeben, bis eine homogene Masse entsteht. Mit Salz abschmecken.

Die Nudeln im siedenden Salzwasser al dente kochen, abgießen und jeweils ein Nudelnest auf vorgewärmten Tellern anrichten. Das warme Steinpilz-Trüffel-Pesto darauf verteilen und als krönenden Abschluss den Trüffel in dünnen Scheiben darüber hobeln. Sofort servieren.

Diejenigen, die es sich leisten können und wollen, nehmen für dieses Gericht weißen Trüffel aus dem Piemont: Tuber Magnatum Pico. Der „Diamant unter den Trüffeln“ wird zwischen Oktober und Ende Dezember reif. Die schönsten Exemplare können pro Kilo mehrere Tausend Euro kosten. Sie sind das Aushängeschild der Spezies Trüffel: ihr weißes, marmoriertes Fleisch verbreitet einen aufregenden und äußerst angenehmen Duft.

Preiswerter ist der sogenannte Perigordtrüffel. Er ist nach seinem im Südwesten Frankreichs liegenden Fundort benannt, kommt aber auch in Italien vor. Sein Fruchtfleisch ist schwarz-violett, sein Geruch intensiv und sein Geschmack erdig und nussig. Er hat Saison von Dezember bis März.

Der schwarze Sommertrüffel wird in Italien und in Frankreich gefunden. Er sieht dem Perigordtrüffel sehr ähnlich, hat jedoch ein helleres Fruchtfleisch und einen weniger intensiven Geschmack. Saison ist von Mai bis Dezember.

Sie können das Steinpilz-Trüffel-Pesto auch schon gebrauchsfertig in 160 ml Weckgläsern bei den Schiers am Stand kaufen.

100gr
€ 7.90
Trüffel-
Steinpilz-
Pesto
160gr.
Glas
9.50 €
TRÜFFEL-
STEINPILZ-PESTO
100gr
Frankreich frische
Creme Champignon
100 gr. 1.20 €

Stück
3,- €

deutsche
Erbsen
Kilo
€
4,40

deutsches frisches
Zwiebellauch
Bund 1,20 €
Franz.
Artischokken
2 Stk 6:-
Sun
Royal

Königliches Artischocken-Gemüse

Michel Schier, Obst und Gemüse

Für vier Personen:

2 Zitronen

4–6 große, vorzugsweise bretonische Artischocken

150 g halbgetrocknete, in Olivenöl eingelegte Tomaten

100 g Pinienkerne

2 Knoblauchzehen

4 Esslöffel Olivenöl

80 g Parmesan

4 Stiele frischer Estragon

Salz

Die Zitronen auspressen und den Saft mit 2 l Wasser in einen Topf geben. Die Artischocken putzen. Den Stiel und die äußeren drei Blattkränze der Artischocken abbrechen. Das obere Drittel der Artischockenblätter abschneiden und den Boden rundum von allen harten und dunkelgrünen Teilen befreien. Die weißen Blättchen über dem Heu abzupfen und die feinen Härchen mit einem Löffel abheben. Das Artischockenherz in feine Streifen schneiden und ins Zitronenwasser legen. Die halbgetrockneten Tomaten abtropfen lassen und grob zerkleinern. Die Pinienkerne in einer Pfanne ohne Öl goldbraun rösten, die Knoblauchzehen schälen und fein hacken. Die Artischockenstreifen in kochendem Salzwasser 2 bis 3 Minuten blanchieren und abgießen. In einer Pfanne das Olivenöl erhitzen, den Knoblauch dazugeben und zusammen mit den abgetropften Artischockenstreifen und den Tomatenstücken etwa 8 bis 10 Minuten bei hoher Temperatur braten. Gegen Ende der Garzeit salzen, die gerösteten Pinienkerne unterheben und mit dem grob gezupften Estragon bestreuen. Die Artischocken auf Tellern anrichten, den Parmesan darüber hobeln und servieren.

Das „Königliche Artischocken-Gemüse“ passt besonders gut zu Fischfilet, zum Beispiel Zander. Es kann aber auch ganz ohne Beilagen als Vorspeise gegessen werden. Dann reicht die angegebene Menge für sechs Personen. Beim Zubereiten der Artischocken empfiehlt es sich, Gummihandschuhe zu tragen, sonst gibt es schwarze Verfärbungen an den Händen.

Ein Tipp für Eilige: Küchenfertig vorbereitete Artischockenherzen gibt es vakuumverpackt am Stand der Familie Schier.

eigene Ernte!
Stangenbohnen
Kilo
€
3,80

Auch, wer sein Gemüse direkt beim Erzeuger einkaufen möchte, wird auf dem Markt fündig. Drei Stände bieten Obst und Gemüse vom eigenen Hof an, darunter der von Heinz-Peter Porten und seiner Frau Petra. Die Portens sind nur freitags und samstags auf den Markt und verkaufen das, was sie in Volmerswerth, einige Kilometer außerhalb Düsseldorfs, auf ihrem Hof anbauen. Gurken, Tomaten, Radieschen und Zucchini kommen aus eigener Ernte, ebenso Wirsing, Weiß-, Rot- und Spitzkohl. Um das Angebot abzurunden, werden einige Produkte dazu gekauft. Kartoffeln und Spargel beispielsweise bauen die Portens in Volmerswerth nicht an – an einem großen Gemüsestand dürfen sie aber natürlich nicht fehlen.

Geschmorte Karotten, Pastinaken, Zwiebeln, Kartoffeln und Fenchel – *Karl-Heinz Porten, Obst und Gemüse*

Für vier Personen:

- 5 mittelgroße Möhren
- 5 Pastinaken
- 3 kleine Fenchelknollen
- 6 kleine Zwiebeln, geschält
- 10 kleine Kartoffeln
- 5 große Knoblauchzehen mit Schale
- Olivenöl
- Meersalz, Pfeffer
- 2 ungespritzte Zitronen
- 1 Esslöffel Balsamico- oder guter Rotweinessig

Den Backofen auf 180 Grad vorheizen.

Die Karotten und die Pastinaken schälen, längs vierteln und in etwa 5 cm lange Stifte schneiden. Den Fenchel putzen und vierteln. Die Zwiebeln, die Kartoffeln und den Knoblauch schälen, aber nicht zerteilen. Das Gemüse in einer großen Auflaufform verteilen. Die Knoblauchzehen dazu legen und alles mit reichlich Olivenöl, Pfeffer und Salz vermengen. Die beiden Zitronen halbieren und zwischen das Gemüse stecken. Sie werden nicht mitgegessen, sondern sollen nur ihr Aroma an das Gemüse abgeben. Die Form für 1 ½ Stunden in den Backofen stellen; dabei immer wieder umrühren und schütteln, damit die Gemüse nicht anbrennen. In der letzten Viertelstunde das Gemüse mit dem Essig beträufeln. Den Grill zuschalten, damit der Essig karamellisiert und sich braune Krusten an den Kanten der Gemüsestücke bilden.

Kohlrabi mit Sauerampfer und Kirschtomaten

Für vier Personen:

8 möglichst kleine Kohlrabi

400 g Kirschtomaten

1 Bund Sauerampfer

6 cl Pastis

1 Prise Cayennepfeffer

Meersalz

4 Esslöffel Olivenöl

2 Esslöffel Crème légère

1 Limette

Pfeffer

Die Kohlrabi schälen, halbieren und in 3 mm dünne Scheiben schneiden. Die Kirschtomaten waschen und halbieren. Den Sauerampfer waschen, verlesen und in 5 mm breite Streifen schneiden. Die Limette ausdrücken.

2 Esslöffel Öl in einer Pfanne bei mittlerer Temperatur erhitzen. Kohlrabi 5 Minuten bräunen. Mit Cayennepfeffer und Meersalz würzen. Den Pastis angießen und abgedeckt 3 Minuten kochen lassen. Die Cocktailtomaten, den Limettensaft und 2/3 des Sauerampfers dazugeben, 2 Minuten ohne Deckel braten, von der Flamme nehmen. Die Crème légère auf das Gemüse tupfen und abgedeckt 5 Minuten ruhen lassen. Bevor man es serviert, mit dem restlichen Sauerampfer bestreuen.

Spargel in der Folie – *Peter van Rijswijck, Obst und Gemüse*

Für vier Personen:

160 g Butter

28 gleich dicke Stangen Spargel von je etwa 50 g

Salz

Zucker

nach Wunsch 2 Esslöffel Schnittlauchröllchen oder gehackte glatte Petersilie

Alufolie

Den Backofen auf 200 Grad vorheizen.

Die Butter in einem Pfännchen schmelzen. Den Spargel schälen, die unteren holzigen Enden abschneiden und waschen. Je 7 Stangen auf zwei übereinandergelegte, große Bögen Alufolie legen. Jeweils mit Salz und einer Prise Zucker würzen und mit der geschmolzenen Butter begießen. Nacheinander die beiden Folienbögen darüber verschließen und die Folienenden jeweils sorgfältig zusammenfalzen.

Die Pakete nebeneinander auf ein Backblech legen, auf die untere Schiene des Backofens schieben und etwa 40 bis 45 Minuten garen.

Den Spargel aus dem Ofen nehmen, kurz ruhen lassen und die Folien erst bei Tisch öffnen, damit jeder in den Genuss dieses unvergleichlichen, leicht karamellartigen Aromas kommt. Mit Schnittlauch oder Petersilie bestreuen.

Orientalische Karotten mit schwarzem Senf

Für vier Personen:

1,2 kg Karotten
3 Knoblauchzehen
2 getrocknete Peperoncini
1 Teelöffel Kreuzkümmel
3 Nelken
1 Teelöffel Fenchelsamen
½ Muskatnuss
1 Teelöffel Zucker
Salz
250 ml Wasser
1 ungespritzte Orange
6 Esslöffel Olivenöl
3 Esslöffel schwarze Senfsaat
½ Bund Schnittlauch

Die Karotten schälen, der Länge nach halbieren und je nach Dicke noch einmal teilen oder dritteln – die Stifte sollen gleichmäßig dünn werden. Den Knoblauch schälen und in hauchdünne Scheiben schneiden. Peperoncini, Kreuzkümmel, Nelken und Fenchelsamen zerstoßen, die Muskatnuss reiben. Die Orange gründlich waschen, die Schale fein abreiben, den Saft auspressen. Den Schnittlauch waschen und in feine Röllchen schneiden. Das Olivenöl in einem schweren Topf erwärmen, den Knoblauch und die zerstoßenen/geriebenen Gewürze 1 Minute anschwitzen. Die Karotten mit der Orangenschale, dem Zucker und Salz gründlich untermischen. Die Hälfte des Wassers angießen. Einen Deckel auflegen und sanft köcheln lassen. Immer wieder mal nachschauen, ob noch Flüssigkeit vorhanden ist, die Karotten dürfen nicht austrocknen. Nach 30 Minuten den Orangensaft dazugeben, den Deckel abnehmen und die Hitze hochstellen. Nochmals 5 Minuten kochen, sodass der Saft eindickt.

Währenddessen eine kleine Eisenpfanne ohne Fett stark erhitzen und die Senfsaat darin rösten. Wenn die Körner aufplatzen und springen, mit einen Deckel abdecken und 1 Minute rösten.

Die Karotten auf einer großen Platte anrichten und mit Senfkörnern und Schnittlauchröllchen bestreuen.

Rohes Senföl enthält leicht giftige Glyceride der Erucasäure sowie Isothiocyanate. Durch Erhitzen bis zum Rauchpunkt werden die Senfkörner nicht nur entgiftet, sondern verändern ihren Charakter völlig: Die Senfkörner schmecken dann nicht mehr scharf, sondern nussig und rauchig; ihr Geschmack läßt sich mit nichts anderem im Gewürzregal vergleichen.

Zwei Trends beobachtet Ralf Hammer seit einiger Zeit: Männer kaufen mehr Schnittblumen als früher, und zwar nicht nur zu Hochzeitstagen. Und: Die zarte Farbe Rosa kommt zurück. Bis vor kurzem waren eher Apricot-Töne gefragt. Der Gärtner und Florist weiß, dass auch Blumen der Mode unterliegen – das geht so weit, dass er bei Auslieferungen gerne aus der Art des bestellten Straußes auf die Wohnungseinrichtung schließt – und meist richtig liegt. Neben Blumen und Topfpflanzen verkauft Ralf Hammer auch über 50 verschiedene frische Kräuter. Zurzeit stehen Koriander, Thai-Basilikum und marokkanische Minze (für den Tee: abschneiden, waschen, im Glas mit heißem Wasser übergießen, ziehen lassen – fertig!) hoch im Kurs. Süßkraut, Schnittknoblauch, Ingwerminze und Mandarinensalbei sind schon eher was für Kenner. Krause Petersilie kaufen ältere Kunden gerne, die jungen bevorzugen glatte. Am besten aber gehen die Klassiker: Rosmarin, Thymian, Salbei und Basilikum kaufen alle. Immer häufiger verdrängen Kräuter übrigens die Zierpflanzen vom Balkon – auch das ein klarer Trend.

Erbsen mit Minze und Salatherzen

Ralf Hammer, Blumen und Kräuter

Für vier Personen:

1 kg frische, zarte Erbsen
2–3 Stängel Minze
2 zarte junge Kopfsalate
2 Bund Frühlingszwiebeln
4 Esslöffel Butter
Salz
1 Prise Zucker
Zitronensaft

Die Erbsen palen. Die Minzeblättchen abzupfen und in Streifen schneiden. Den Salat großzügig bis auf das Salatherz putzen und in schmale Streifen schneiden. Die Frühlingszwiebeln putzen, nur die weißen Teile in feine Ringe schneiden. Die Butter in einer Pfanne mit Deckel erhitzen. Die Zwiebeln und die Salatstreifen dazugeben, mit Zucker und Salz würzen. 2 Minuten unter Rühren andünsten. Die Erbsen dazugeben, den Deckel auflegen, die Hitze reduzieren und das Gemüse 3 Minuten dünsten. Wenn die Erbsen zu trocken werden, etwas Wasser dazugeben. Die Minzestreifen unterheben, weitere 4 Minuten garen, bis die Erbsen weich sind. Mit Salz und einem Spritzer Zitrone abschmecken.

Für deutsche Mägen mag die Kombination von Erbsen und Salat ungewöhnlich erscheinen. In der französischen Küche ist sie jedoch ein Klassiker und heißt Petit Pois à la Francaise. Raffiniert wird dieses Gericht, wenn Sie statt des Wassers einen Schuss Noilly Prat dazugeben. Die zarte Süße von Wermut und Erbsen ergänzen sich perfekt.

Stangenbohnen
1 kg
3.90
Deutsche frische
Strauchbohnen
1 kg 2.80

Der Obst- und Gemüsestand von Michel Schier ist eine Institution auf dem Düsseldorfer Carlsplatz – er gehört zu den ältesten Ständen überhaupt. Die Großmutter von Michel Schier begann hier vor über 60 Jahren, kurz nach dem Krieg, mit dem Verkauf von Äpfeln und Mohrrüben. 1963 ging der Enkel bei ihr in die Lehre. Seither ist der Stand stetig gewachsen, in jeder Hinsicht. Mit dem immer bunteren Sortiment haben auch die Standmeter zugenommen, heute präsentiert Michel Schier seine Ware fast auf einer ganzen Ganglänge. Es ist kaum ein Obst oder ein Gemüse vorstellbar, das hier nicht zu kaufen wäre. Allein die Tomaten! Neben den „normalen" Strauch-, Eier- oder Cherrytomaten liegen da Tominos und Jardin de Rabelais, Coeur de Boeuf und dünnschalige Rennes-Tomaten. Auch leckere, selbst gemachte Pestos und Chutneys hat der überzeugte Vegetarier im Angebot. Blauer Spargel oder Shitakepilze, Brunnenkresse und Boviste finden bei Schiers ihre Abnehmer. Das war nicht immer so. Michel Schier erinnert sich gut daran, wie er in den siebziger Jahren die Kunden mit damals exotischen Salaten und Gemüsen vertraut machte: Zweimal in der Woche fuhr er mitten in der Nacht nach Paris, um dort auf dem Großmarkt einzukaufen – am folgenden Morgen machten die Düsseldorfer Bekanntschaft mit Eich- oder Herzblattsalat, gelbem Löwenzahn oder hausgemachtem Mesclain. So hat Michel Schier den Ruf des Carlsplatzes als Feinschmecker-Markt mitbegründet.

Ratatouille vom Blech – *Michel Schier, Obst und Gemüse*

Für vier Personen:

2 mittelgroße Auberginen

3 mittelgroße Zucchini

3–4 Tomaten, vorzugsweise Coeur de Boeuf (Ochsenherzen)

2 rote Paprika

2 gelbe Paprika

1 Gemüsezwiebel

3 Knoblauchzehen

frische Kräuter: Rosmarin, Thymian, Majoran, Oregano

50 g schwarze, entsteinte Oliven

Olivenöl, Meersalz

Den Backofen auf 180 Grad vorheizen. Auberginen, Zucchini, Paprika, Tomaten, Knoblauchzehen und die Gemüsezwiebel waschen und putzen und in 5 mm dicke Scheiben schneiden. Die Gemüse auf einem Backblech verteilen, mit Olivenöl beträufeln und mit Meersalz würzen. Anschließend im heißen Backofen etwa 30 bis 35 Minuten garen, ab und zu die Backofenklappe öffnen, um die Feuchtigkeit herauszulassen.

Fünf Minuten vor Ende der Garzeit die schwarzen Oliven und die grob gehackten Kräuter über dem Blech verteilen.

Die Ratatouille ist leicht und schnell gemacht, und kann – je nach Jahreszeit und Vorlieben – auch mit grünen Bohnen, Fenchel, Champignons, Spargel und Kartoffeln zubereitet werden. Das Gericht kann als leichte vegetarische Vorspeise gegessen werden, passt aber auch gut kalt zu gegrilltem Fleisch und Fisch.

Das „Käseparadies" steht seit 1973 für beste Käse-Qualität – niemand sonst in Düsseldorf und Umgebung reift seinen Gouda selbst. Im Januar 2009 hat Jan Knibbe den Betrieb von seinem Vater Johannes übernommen und es ist schon vorgekommen, dass er von Stammkunden hörte: „Du bist aber groß geworden." Stimmt, die Zeit ist nicht stehen geblieben, auch wenn es noch der Marktwagen des Vaters ist, in dem er seine Käsespezialitäten verkauft. Über 150 Sorten hat Jan Knibbe im Angebot, die Käseliebhaber schätzen die große Auswahl. Wurde früher ein großes Stück Emmentaler oder Gouda für die Woche gekauft – und höchstens noch ein bisschen Brie –, so nehmen die Kunden heute gerne ein wenig spanischen Manchego, dazu niederländischen Ziegenkäse, französischen Brie de Meaux, Schweizer Bergkäse und vielleicht auch noch einen schönen Camembert. Und in der nächsten Woche probieren sie dann gerne einen uralten Bröckel-Gouda. Der nämlich spielt eine Hauptrolle im „Käseparadies". Einmal im Monat kommen junge Gouda-Laibe aus den Niederlanden, die Jan Knibbe zwischen drei Monaten und zwei Jahren (mittelalt bis uralt) einlagert. Der Käse wird täglich gewendet und gepflegt, damit er in Ruhe trocknen kann. Neben dem exquisiten Bröckel-Gouda ist auch der etwas fettreichere Mai-Gouda sehr beliebt, den es – nach nur vier Wochen Lagerung – im Juni zu kaufen gibt. Die Kühe haben dann zum ersten Mal frisches Gras gefressen. Jan Knibbe fühlt sich dem Kaufmanns-Ethos seines Vaters verpflichtet. Sein Gouda, versichert er, ist nicht teurer als der im Supermarkt, denn er will auch den weniger betuchten Kunden ein gutes Angebot machen können.

Gebratener Chicorée mit Parmesan – *Jan C. Knibbe, Käseparadies*

Für vier Personen:

4 Chicorée

2 Esslöffel Olivenöl

20 g Butter

1 Stängel Thymian

Salz, Pfeffer, Zucker

30 g frisch geriebener Parmesan

Den Chicorée putzen, unansehnliche Blätter entfernen. Die Stangen längs vierteln. Die Thymianblättchen abzupfen.

Olivenöl und Butter in einer großen Pfanne erhitzen. Den Chicorée von allen Seiten circa 5 Minuten braten, bis er goldbraun und weich ist. Eventuell etwas Wasser dazugeben, wenn das Gemüse zu trocken wird. Mit Salz, Pfeffer, einer Prise Zucker und den Thymianblättchen würzen. Vor dem Servieren den Parmesan darüber streuen.

Der gebratene Chicorée passt ausgezeichnet zu Lammkoteletts oder Fischfilets, aber auch – dann jedoch ohne Parmesan – zu Schmorbraten und Wild.

SBRINZ
ERMITAGE
PRIMA DONNA

Fritelle aus Erbsen

Für vier bis sechs Personen:

Etwa 600–700 g frische junge Erbsen in der Schale (gepalt sollen etwa 300 g übrig bleiben)

1 kleiner Bund glatte Petersilie

1 kleiner Bund Schnittlauch

eventuell einige Stiele frischer Koriander

1 grüne Chilischote

4 Eier

250 g Mehl

Salz

Pfeffer

Butterschmalz oder Öl zum Ausbacken

Die Erbsen palen und in kochendem Salzwasser kurz blanchieren, bis die Erbsen gar, aber noch bissfest sind. Das dauert je nach Größe 1 bis 3 Minuten. Abgießen und in eiskaltem Wasser abschrecken, damit sie nicht mehr weitergaren. Die Kräuter fein hacken. Die Chilischote längs aufschlitzen, die Kerne entfernen, die Schote ebenfalls fein hacken.

Eier und Mehl verquirlen, bis der Teig Blasen wirft und glatt und geschmeidig ist, mit Salz und Pfeffer würzen und eine Viertelstunde quellen lassen. Dann die Erbsen und die Kräuter unterrühren.

Reichlich Butterschmalz oder Öl in einer Pfanne erhitzen. Teelöffelweise Nocken abstechen und einzeln in das heiße Fett gleiten lassen. Die Fritelle goldbraun ausbacken, mit einem Schaumlöffel herausheben und auf Küchenpapier abtropfen lassen. Dazu passt eine Sauce aus frischen Tomaten oder ein Joghurt-Kräuter-Dip.

Wie schon der Name verrät, stammen die Fritelle aus Italien und bezeichnen kleine süße oder salzige Krapfen aus einer Art Pfannkuchenteig. Sie eignen sich sehr gut als Begleitung zum Aperitif oder als Vorspeise.

Gemüse-Clafoutis au Vezelay – *Manfred Wionczeck, Käsespezialitäten*

Für vier Personen:

- 2 Esslöffel Mehl
- 3 Eier
- 450 ml Milch
- 3 kleine Zucchini
- 1 mittelgroße Aubergine
- 2 Esslöffel Öl
- 20 g Butter
- 6 Schalotten
- 2 Knoblauchzehen
- 1 Vezelay
- Salz, Pfeffer

Den Backofen auf 200 Grad vorheizen.

Mehl, Eier und Milch zu einem glatten Teig verrühren und mindestens eine halbe Stunde quellen lassen. Die Zucchini und die Aubergine putzen, waschen und quer in etwa 1 cm dicke Scheiben schneiden. Butter und Öl in einer Pfanne erhitzen und die Zucchini- und Auberginenscheiben von beiden Seiten goldbraun anbraten. Auf Küchenpapier abtropfen lassen. Die Schalotten schälen und vierteln, die Knoblauchzehen in dünne Scheiben schneiden und in der Pfanne andünsten. Das Gemüse dachziegelartig in einer gefetteten Gratinform anordnen, die Schalotten und den Knoblauch darüber verteilen. Salzen und pfeffern und den Teig darüber gießen. Den Vezelay in feine Scheiben schneiden und auf dem Gemüse verteilen. Im vorgeheizten Backofen etwa 30 Minuten überbacken.

In seiner Heimatregion isst man den Vezelay am liebsten mit Blauschimmel. Der bildet sich im Reifekeller unter speziellen Bedingungen und entwickelt sich beim Käsehändler weiter, bis er von einer blauen Schimmelschicht überzogen ist. Dabei wird der feine Käseteig fester und sein Geschmack intensiver, geradezu nussig.

Probieren Sie ihn am besten mit einem trockenen Weißwein.

Spargeltarte

Für vier Personen:

Teig:

300 g Mehl

1 Teelöffel Zucker

1 Esslöffel Salz

200 g Butter

1 Ei

Belag:

3 Eier

800 g Spargel, grün und violett

200 ml Sahne

4 Scheiben geräucherter Schinken

Salz

Zucker

Malabarpfeffer

50 g frisch geriebener Parmesan

Für den Teig alle Zutaten mit den Händen rasch zu einem glatten Mürbeteig kneten. Die Teigkugel in Klarsichtfolie wickeln und eine halbe Stunde kalt stellen.

Die Spargelstangen schälen (die Enden großzügig abschneiden) und in etwa 1 cm lange Stücke schneiden. Etwa 7 Minuten in kochendem Wasser blanchieren, sodass sie noch bissfest sind. Abgießen und in kaltem Wasser abschrecken.

Den Schinken in kleine Würfel schneiden. Die Sahne, die Eier, eine kleine Prise Zucker, kräftig Pfeffer und einen halben Teelöffel Salz verrühren.

Den Backofen auf 180 Grad vorheizen.

Den Teig ausrollen und eine mit Butter gefettete Spring- oder Tarteform von 24 cm Durchmesser damit auslegen, einen 2 cm breiten Rand hochziehen. Den Schinken und die Spargelstücke gleichmäßig auf dem Teig verteilen, die Sahnemasse darauf gießen und den Parmesan darüber streuen. Im vorgeheizten Backofen etwa 30 Minuten goldbraun backen und mit einem Blattsalat lauwarm servieren.

„Echter" schwarzer Pfeffer kommt aus Malabar in Südindien, einem der ältesten und besten Pfefferanbaugebiete der Welt. Malabarpfeffer wird traditionell von Hand geerntet und macht mehr als 80 Prozent der Welternte aus. Allerdings verkommt er, aufgrund falscher Weiterverarbeitung und Lagerung, meist zu einem nur mäßig aromatischen Gewürz. Guter Malabarpfeffer ist schön fruchtig und sehr scharf und passt in alle Gerichte, die schwarzen Pfeffer verlangen.

Violetter Spargel wird wegen seines feinen, im Vergleich zum weißen Spargel minimal kräftigeren und würzigeren Geschmacks besonders in Frankreich geschätzt. Man wartet mit der Ernte, bis der Schössling die Erdoberfläche leicht durchbrochen hat und die Spitze durch das Sonnenlicht eine leicht violett-grünliche Färbung annimmt.

Provenzalische Tomaten-Tarte *– Weber's Obstkörbchen*

Für vier Personen:

1 kleiner Bund frischer Thymian

8 schöne, vollreife Tomaten

2 Knoblauchknollen, mild, aus neuer Ernte

4 Esslöffel Olivenöl

450 g tiefgefrorener Blätterteig

Salz, Pfeffer, etwas Puderzucker

Den Backofen auf 80 Grad vorheizen.

Die Thymianblättchen abzupfen. Die Tomaten waschen, achteln und auf ein mit Öl bestrichenes Backblech legen. Salzen, pfeffern, mit wenig Puderzucker bestäuben, etwas Olivenöl darüber träufeln und mit der Hälfte der Thymianblättchen bestreuen. Im vorgeheizten Backofen 2 Stunden backen.

Die äußere Schale der Knoblauchknollen entfernen, die Knollen ganz lassen. Jede Knolle mit 1 Esslöffel Olivenöl begießen, in ein Stück Alufolie einwickeln und mit den Tomaten im Ofen 1 Stunde backen lassen.

In der Zwischenzeit den Blätterteig leicht antauen lassen und auf einem Backblech dünn ausrollen. Knoblauch und Tomaten aus dem Ofen nehmen. Die Knoblauchknollen auspacken und die Zehen voneinander trennen. Tomaten und Knoblauchzehen auf dem Teig verteilen, mit den restlichen Thymianblättchen bestreuen und für 45 Minuten bei 80 Grad backen. Die Tarte sofort heiß servieren.

Dazu schmeckt am besten ein Rucola-Salat mit gehobeltem Parmesan oder zerkrümeltem trockenen Ziegenkäse.

Stampfkartoffeln mit Rucola

Für vier Personen:

1 kg mehligkochende Kartoffeln

500 g Kirschtomaten

etwa 250 g Rucola

100 g Pinienkerne

100 ml sehr gutes Olivenöl

100 ml Milch

Salz, Pfeffer, Muskat

150 g Parmesan

Die Kartoffeln schälen, in grobe Stücke schneiden, waschen und in wenig Salzwasser etwa 15 bis 20 Minuten garen. In der Zwischenzeit die Kirschtomaten waschen und halbieren. Den Rucola waschen, trocken schütteln, die groben Stiele abschneiden und in mundgerechte Stücke zupfen. Etwas Olivenöl in der Pfanne erhitzen und den Rucola und die Kirschtomaten ganz kurz andünsten, sodass sie noch Biss haben, und warm halten. Die Pinienkerne ohne Fett goldbraun rösten. Die Milch aufkochen. Wenn die Kartoffeln gar sind, abgießen und mit der heißen Milch und dem Olivenöl gründlich stampfen. Den Rucola, die Kirschtomaten und die Pinienkerne unterheben, mit Muskat, Salz und Pfeffer abschmecken und zwei Minuten ziehen lassen. Auf Tellern anrichten und vor dem Servieren den Parmesankäse darüber hobeln.

Diese italienische Variante des holländischen stamppots – Kartoffelpüree mit Endiviensalatstreifen – ist schnell zubereitet und schmeckt wegen des fast rohen Gemüses unglaublich frisch.

Rievkooche – *Wilhelm Theus, Kartoffelhandlung*

Für vier Personen:

1 kg große, mehligkochende Kartoffeln

2 Zwiebeln

2 Eier

3 Esslöffel Mehl

Muskatnuss

Salz

Butterschmalz zum Braten

Den Backofen auf 50 Grad vorheizen.

Die Kartoffeln schälen, waschen und auf einer Reibe oder Küchenmaschine mittelfein reiben. Die Kartoffelmasse in ein Sieb geben und so viel Flüssigkeit wie möglich herauspressen. Die Zwiebeln schälen, ebenfalls reiben (wer es bissfester mag, kann sie auch in feine Würfel schneiden) und mit den Eiern und dem Mehl zu den geriebenen Kartoffeln geben. Alles gut verrühren und mit Salz und Muskat abschmecken.

In einer schweren Pfanne reichlich Butterschmalz erhitzen. Mit einem Esslöffel kleine Teigmengen in das Fett setzen und mit dem Pfannenwender platt drücken. Von beiden Seiten etwa 4 Minuten knusprig braun braten, auf Küchenkrepp kurz abtropfen lassen und im Backofen warm halten, bis alle Reibekuchen fertig sind.

Wer es klassisch mag, isst Apfelkompott zu den Reibekuchen. Wenn es edler sein soll: je eine Scheibe Räucherlachs mit einem Klecks Meerrettichsahne dazu servieren. Beides schmeckt wunderbar.

Gratin Dauphinois mit Salat – *Peter Latzen, Biokonsum*

Für vier Personen:

15 festkochende, mittelgroße Kartoffeln

2 Knoblauchzehen

125 ml Sahne

200 g grob geriebener Käse, zum Beispiel Comté oder Greyerzer

1 Salatkopf, je nach Saison

6 Esslöffel Olivenöl

2 Teelöffel Weißweinessig

1 Teelöffel mittelscharfer Senf

Salz, Pfeffer, Muskat

Den Backofen auf 225 Grad vorheizen.

Die Kartoffeln schälen, waschen und in etwa 3 mm dünne Scheiben schneiden. Eine große Form oder ein tiefes Backblech mit einer durchgeschnittenen Knoblauchzehe einreiben. Die Kartoffelscheiben dachziegelartig auf das Blech legen und mit der Sahne gleichmäßig übergießen. Die Knoblauchzehen schälen, fein hacken und darüber streuen. Mit Salz, Pfeffer und Muskatnuss würzen. Den geriebenen Käse darüber verteilen, die Kartoffeln in den vorgeheizten Backofen auf die zweite Einschubleiste von unten schieben und 40 bis 45 Minuten backen.

In der Zwischenzeit den Salat putzen, waschen und in mundgerechte Stücke zupfen. Aus dem Weißweinessig, Olivenöl, Senf, Salz und Pfeffer eine Vinaigrette rühren und kurz vor dem Servieren über den Salat träufeln

Tartiflette – *Marie Noel, Chez Jean-Luc*

Für vier Personen:

1 Zwiebel

200 g geräucherter Speck

1 Esslöffel Öl

300 ml Weißwein

800 g Kartoffeln

Butter für die Form

1 Reblochon, etwa 220 g

Salz, Pfeffer

Den Backofen auf 180 Grad vorheizen.

Die Zwiebel schälen und fein würfeln, auch den Speck in feine Würfel schneiden. Beides in einer Pfanne in etwa Öl anbraten und mit dem Weißwein ablöschen. Die Kartoffeln schälen, waschen und in 2 cm große Würfel schneiden. Eine Auflaufform mit Butter einfetten und die gewürfelten Kartoffeln einfüllen, Zwiebeln und Speck samt Weißwein dazu geben. Den in dünne Scheiben geschnittenen Reblochon darüber legen. Etwa 1 Stunde im vorgeheizten Backofen garen. Die Tartiflette wird in der Form mit einem grünen Salat und Savoyer Weißwein serviert.

Tartiflâ ist das savoyische Wort für Kartoffel, die auch zu den drei Grundbestandteilen der Tartiflette gehört, die beiden anderen sind Reblochon und Zwiebeln. Es gibt Dutzende Tartiflette-Rezepte, fast jedes Dorf in der Haute Savoie hat seine eigene Zubereitungsweise und natürlich immer „die beste".

Den Reblochon, den rahmigen, halbfesten Schnittkäse mit der safrangelben Rinde aus der Haute Savoie, verdanken wir der Gewitztheit der Bauern im 14. Jahrhundert, die ihre Pacht mit einem festgelegten Anteil ihrer Milch beglichen. Wenn der Landbesitzer kam, um die Milch abzumessen, molk der Bauer seine Kühe nur zum Teil, um den Pachtanteil niedrig zu halten. Sobald der Pachtherr fort war, wurde die restliche Milch gemolken. Diese sehr fetthaltige zweite Milch nannte man Reblâche (Milchbetrug).

Pellkartoffeln Mont d'Or – *Michel Schier, Obst und Gemüse*

Für vier Personen:

1 Vacherin Mont d'Or

2 Knoblauchzehen

500 g festkochende Kartoffeln

Die Folie von der Käseschachtel entfernen. Den Käse in der Holzschachtel lassen, den Deckel abnehmen und unter den Boden stülpen. Die Knoblauchzehen schälen, in je sechs Stifte schneiden und oben in die Käserinde stecken.

Die Kartoffeln gründlich waschen oder abbürsten und je nach Größe etwa 20 bis 30 Minuten in Salzwasser kochen.

Währenddessen den Mont d'Or bei 180 Grad im Backofen etwa 20 Minuten erwärmen, bis er zu schmelzen beginnt. Den Käse aus dem Ofen nehmen, die Rinde mit den Knoblauchstiften entfernen und in der Holzschachtel servieren. Bei Tisch stippt man die heißen Kartoffeln in den geschmolzene, cremigen Käse.

Zu Hause ist der Mont d'Or, oder auch Vacherin du Haut-Doubs, in der Franche-Comté an der Grenze zur Schweiz. Für die Herstellung des Käses gelten strenge Regeln: Die Rohmilch darf nur von Kühen der Rassen Montbéliard und Simmentaler stammen, er darf nur zwischen Mitte August bis Ende März produziert werden und ist ausschließlich in den Herbst- und Wintermonaten erhältlich. Damit er seine runde Form behält, wird der Vacherin mit einem Ring aus Fichtenrinde umspannt. Während er mindestens drei Wochen auf einem Fichtenholzbrett reift, wird er mehrmals gewendet und mit Salzwasser abgerieben, bevor er schließlich in die typische Schachtel aus Tannen- oder Fichtenholz verpackt wird.

NEUE ERNTE
KARTOFFELHANDLUNG
WILHELM THEUS
ZWIEBELN
2,40 €
Speisekartoffel Italien
SPUNTA
LÜNEBURGER HEIDE

NEUE ERNTE
KARTOFFELHANDLUNG
WILHELM THEUS
ZWIEBELN
2,40 €
DRILLINGE
2,60

Euka-
hütchen
mit Farbstoff
2,00
Fruchtgummi
mit Konfekt
Silberlinge
Knöterich
Fruchtsalat und
gebrannte Mandeln
mit Farbstoff
Brot
Bonbon
2.-
Salz-
brezeln
2,00
Cachou
Bonbons
mit Farbstoff
200 gr.
Husten
Bonbon
-gemischt-
mit Farbstoff
200 gr. 2,00
Diät
Bonbons
mit Farbstoff
200 gr. 2,50
Fruchtsalat
mit Farbstoff
200 gr. 2,50
Gold-
nüsse

Lammfond
Lammfond

BIO
Cervelatwurst
3,15

Die Bio-Metzgerei von Georg Gläser verkauft nur Fleisch aus eigener Schlachtung. Das ist heute nicht mehr selbstverständlich, denn die meisten Metzger beziehen geschlachtetes Vieh. Vor fünf Jahren hat Gläser den konventionellen Betrieb des Vaters umgestellt. Bio, das heißt: Die Tiere – Schweine, Kälber, Rinder, Lämmer, Hühner und Gänse – werden artgerecht gehalten und ohne wachstumsfördernde Zusatzstoffe gefüttert. Deshalb watscheln die Weihnachtsgänse auch schon ab Mai über den Hof und die Schweine werden erst nach acht Monaten geschlachtet – fünf Monate später als ein profitableres Supermarkt-Schwein. Dafür schrumpft dessen Schnitzel in der Pfanne schon mal auf die Hälfte, weil es viel Wasser verliert, während die Tiere von Bio-Metzger Gläser erst gar kein gewichtssteigerndes Wasser einlagern. Bei der Herstellung von Wurst und Schinken verzichtet Gläser auf Phosphate und das konservierende Nitrit-Pökelsalz – das erklärt, warum Fleischwurst und Salami in der Auslage ein bisschen blass aussehen.

Düsseldorfer Senfrahmbraten oder: Es muss nicht immer Filet sein – *Bio-Fleischerei Gläser*

Für vier Personen:

- 1 Esslöffel Schmalz
- 1 kg ausgelöster Schweinenacken
- 2 Zwiebeln
- 1 Gewürzgurke
- 3 Esslöffel Düsseldorfer Senf
- 250 ml Fleischbrühe
- 200 ml Sahne
- Butter
- Salz, Pfeffer

Den Backofen auf 180 Grad vorheizen.

Das Schmalz in einer Pfanne erhitzen. Das Fleisch mit Salz und Pfeffer einreiben und von allen Seiten scharf anbraten. Die Zwiebeln schälen und fein würfeln, die Gurke in dünne Scheiben schneiden. Beides mit dem Senf zum Fleisch geben. Mit der Brühe ablöschen. Danach abgedeckt im vorgeheizten Backofen 60 Minuten garen. Das Fleisch anschließend herausnehmen, warm stellen und die Sauce aufkochen lassen. Die Sahne hinzugeben und sämig einkochen. Wer die Sauce noch cremiger mag, kann eiskalte Butterstückchen einrühren. Das Fleisch in Scheiben schneiden und mit der Sauce auf Tellern anrichten.

Dazu passen Bratkartoffeln mit Salat oder – ganz traditionell – Apfelkompott.

Apfelkompott

Für vier Personen:

- 1 kg Boskop oder andere säuerliche Äpfel
- 100 ml trockener Weißwein
- ½ Vanilleschote
- 100 g Zucker
- Saft von ½ Zitrone
- 1 Prise Zimt

Die Äpfel schälen, vom Kerngehäuse befreien und in kleine Würfel schneiden. In einen Kochtopf geben und mit dem Weißwein bedecken. Die Vanilleschote mit einem langen Messer aufritzen, das Mark herauskratzen, mit Zucker und Zitronensaft zu den Äpfeln geben. Einen Deckel auflegen und einmal kurz aufkochen. Auf kleinste Stufe zurückschalten und ohne Deckel in 10 Minuten weich kochen. Die Flüssigkeit verdampft dabei größtenteils. Nicht zu kräftig rühren, damit die Apfelwürfel nicht zerfallen. Mit einer Prise Zimt würzen und abkühlen lassen.

Kalbfleischrouladen, gefüllt mit Champignons und Spinat – *Frank Petzchen*

Für vier Personen:

4 dünn geschnittene Kalbsschnitzel

4 Teelöffel Düsseldorfer Senf

4 große Spinatblätter

4 große Champignons

150 g Butter

etwas Weißwein

4 Esslöffel saure Sahne

Salz, Pfeffer

Die Kalbsschnitzel mit dem Senf bestreichen und mit einem Spinatblatt belegen. Die Champignons putzen, klein hacken und kurz in etwas heißer Butter anbraten. Mit Salz und Pfeffer würzen und auf den Spinat streichen. Die Schnitzel aufrollen, mit Holzstäbchen fixieren und in der heißen Butter bei milder Hitze in etwa 15 Minuten goldbraun braten. Die Rouladen auf einer vorgewärmten Platte anrichten. Den Bratfond mit einem Schuss Weißwein lösen, kurz einkochen lassen und mit Salz und Pfeffer abschmecken. Die Rouladen mit der Sauce überziehen und jeweils einen Esslöffel saure Sahne darüber geben.

Für gute Esser empfiehlt es sich, die doppelte Menge zuzubereiten.

Rindfleisch in rotem Thaicurry – *Kräuterhexe*

Für vier Personen:

400 g Kartoffeln
3 Zwiebeln
200 g Rindfleisch zum Schmoren
2 Esslöffel rote Currypaste
2 Esslöffel thailändische Fischsauce
2 Esslöffel Reisessig
1 Esslöffel Zucker
3 Esslöffel Öl
300 ml Kokosmilch
150 ml Wasser
3 Curryblätter
6 Kardamonkapseln

Die Kartoffeln schälen, waschen und in 1 cm große Würfel schneiden. Die Zwiebeln schälen und fein würfeln. Die Samen aus den Kardamonkapseln pulen und im Mörser leicht andrücken. Das Fleisch in 2 cm große Würfel schneiden und in einem Wok in heißen Öl anbraten. Das Fleisch herausnehmen und die Kartoffeln und die Zwiebeln glasig anbraten, mit einem Schaumlöffel herausnehmen.

Die Currypaste im Wok anbraten, die Fischsauce, den Reisessig, den Zucker, die Kokosmilch und 150 ml Wasser dazugeben und aufkochen. Die Hitze vermindern, Fleisch, Kartoffeln und Zwiebeln, die Curryblätter und die Kardamonsamen in den Wok geben. Zugedeckt bei schwacher Hitze etwa 2 Stunden köcheln lassen. Von Zeit zu Zeit umrühren und kontrollieren, ob das Rindfleischcurry nicht anbrennt. Gegebenenfalls etwas Wasser dazugeben.

Das Curry mit würzigem Reis servieren.

Würziger Reis

Für vier Personen:

250 g Basmati-Reis
1 kleine Zwiebel
1 Zimtstange
4 Gewürznelken
½ Teelöffel Kreuzkümmel (Cumin)
6 schwarze Pfefferkörner
2 Teelöffel Pflanzenöl
1 Teelöffel Salz
300 ml Wasser

Den Reis waschen und abtropfen lassen. Die Zwiebel schälen und fein würfeln. Das Öl in einer hohen Pfanne erhitzen und die Zwiebelwürfel darin glasig braten. Die Zimtstange in drei Teile brechen und zusammen mit den Nelken, dem Kreuzkümmel und den Pfefferkörnern etwa 1 Minute sanft anbraten. Den Reis in die Pfanne geben und etwa 3 Minuten dünsten, bis er glasig ist. 300 ml Wasser und das Salz zugeben und unter Rühren aufkochen. Bei kleiner Hitze 10 Minuten köcheln lassen, bis das Wasser verkocht ist. Die Pfanne vom Herd ziehen, zudecken und den Reis noch 10 Minuten quellen lassen. Vor dem Servieren mit einer Gabel lockern.

Moussaka – *Eva Adamidou, Saftladen*

Für vier Personen:

400 g festkochende Kartoffeln
500 g Auberginen
1 Zwiebel
3 Esslöffel Olivenöl
400 g Rinderhack
2 Esslöffel Tomatenmark
2 Esslöffel Butter
2 Esslöffel Mehl
¼ l Milch
1 Eigelb
65 ml Sahne
2 Esslöffel geriebener Emmentaler
1 Esslöffel Zitronensaft
100 g Feta
Zucker, Salz, Pfeffer, Muskat
Butter für die Form

Die Kartoffeln waschen und in reichlich Salzwasser gar kochen. Anschließend pellen und abkühlen lassen (noch besser ist es, die Kartoffeln schon am Vortag zu kochen und zu pellen). Danach in dünne Scheiben schneiden.

Die Auberginen putzen, waschen und der Länge nach in Scheiben schneiden. Die Scheiben mit Salz bestreuen und etwa 15 Minuten ziehen lassen. Die Zwiebel schälen und fein würfeln. Die Auberginenscheiben in einem Sieb abbrausen und trocken tupfen. 2 Esslöffel Olivenöl in einer Pfanne erhitzen, die Auberginenscheiben darin von beiden Seiten goldgelb braten und auf Küchenkrepp abtropfen lassen. Das restliche Öl in der Pfanne heiß werden lassen und die Zwiebeln darin glasig dünsten. Das Hackfleisch dazugeben und unter Rühren krümelig braten. Das Tomatenmark hinzufügen, mit Zucker, Salz und Pfeffer würzen. Alles 10 Minuten köcheln lassen, danach die Pfanne vom Herd nehmen.

Für die Bechamelsauce die Butter in einem Topf zerlassen. Das Mehl einrühren und hellgelb werden lassen. Nach und nach die Milch unter Rühren dazugießen, 10 Minuten unter Rühren köcheln und sämig werden lassen. Vom Herd ziehen. Das Eigelb mit der Sahne verquirlen und in die Sauce rühren, den Emmentaler einstreuen und mit Salz, Pfeffer, frisch geriebenem Muskat und Zitronensaft würzen.

Den Backofen auf 180 Grad vorheizen. In eine feuerfeste, gefettete Form zuerst die Hälfte der Auberginenscheiben, darüber die Kartoffelscheiben und dann das Hackfleisch schichten. Den Feta darüber krümeln und mit den restlichen Auberginen bedecken. Zum Schluss die Bechamelsauce gleichmäßig darüber gießen. Die Moussaka auf der mittleren Schiene des Ofens etwa 50 Minuten goldgelb überbacken.

Am Stand der Metzgerei Schlösser geht es samstags zu wie auf dem Einwohnermeldeamt: Die Kunden ziehen eine Nummer und warten, bis sie an der Reihe sind. Für die prämierte Leberwurst, den aromatischen Knochenschinken und das wunderbar zarte Rinderfilet warten sie offensichtlich gerne. Den Düsseldorfern ist die Metzgerei Schlösser seit 1902 ein Begriff. Damals gründete Urgroßvater Anton das Geschäft auf der Oststraße. Seine Originalrezepte sind noch heute Grundlage vieler Wurstspezialitäten. Urenkel Jörg Anton ist stolz darauf, dass die althergebrachten Verarbeitungsmethoden und die hauseigenen, handvermahlenen Gewürzmischungen im Lauf der Jahre nicht verloren gegangen sind oder aufgegeben wurden. Denn im Metzgerhandwerk hat sich seit damals sehr vieles verändert. Weil zum Beispiel nur noch an wenigen zentralen Schlachtstätten geschlachtet wird, ist die Verarbeitung von schlachtwarmem Fleisch zur Herstellung von Brühwurst stark zurückgegangen. Bei Schlössers gibt es sie dennoch – dank einer Sondergenehmigung. Das Fleisch bezieht die Metzgerei nur von Bauern, zu denen seit vielen Jahren gute Kontakte bestehen, die natürliche und artgerechte Haltung garantieren können und seit 25 Jahren weder Tiermehl verfüttern noch Antibiotika verabreichen.

Provenzalisches Rinderragout

Jörg Anton Schlösser, Metzgerei Schlösser

Für sechs Personen:

- 1,2 kg Rinderschulter, in 2 cm große Würfel geschnitten
- 3 Karotten
- 2 Zwiebeln
- 6 Knoblauchzehen
- 3 Stangen Staudensellerie
- 2 ungespritzte Orangen
- 1 Teelöffel Wacholderbeeren
- 1 Teelöffel Piment
- 2 Lorbeerblätter
- 1 Flasche kräftiger französischer Rotwein
- 1 Kräuterbund: Salbei, Rosmarin, Thymian
- 5 Fleischtomaten
- 1 Teelöffel Cayennepfeffer
- 1 Teelöffel Honig
- Salz, Pfeffer
- Olivenöl

Das Fleisch in eine hohe Schüssel legen – sie muss in den Kühlschrank passen. 1 Karotte, 1 Zwiebel, 2 Knoblauchzehen und 1 Stange Staudensellerie putzen und grob zerkleinern. Von 1 Orange große, dünne Streifen abschälen. Den Wein mit dem Gemüse, der Orangenschale, Wacholder, Piment und Lorbeer kurz aufkochen, abkühlen lassen und über das Fleisch geben. Mindestens zwölf Stunden im Kühlschrank marinieren. Das Fleisch herausnehmen und gut abtupfen. Die Marinade durchsieben.
Das restliche Gemüse waschen, putzen und klein würfeln. Die zweite Orange dünn schälen und die Schale fein hacken. Beide Orangen auspressen. Die Tomaten häuten und achteln. Den Kräuterbund waschen, die Blättchen abzupfen und hacken.

In einem Bräter das Fleisch portionsweise anbraten. Danach Gemüse, Knoblauch und Kräuter 5 Minuten anbraten und mit dem Orangensaft ablöschen. Das Fleisch, die Orangenschale und die Tomaten untermischen, die Mariande angießen. Mit Honig, Cayenne, Pfeffer und Salz würzen. Im Backofen abgedeckt bei 120 Grad mindestens 3 Stunden schmoren.

Am besten schmeckt Baguette dazu.

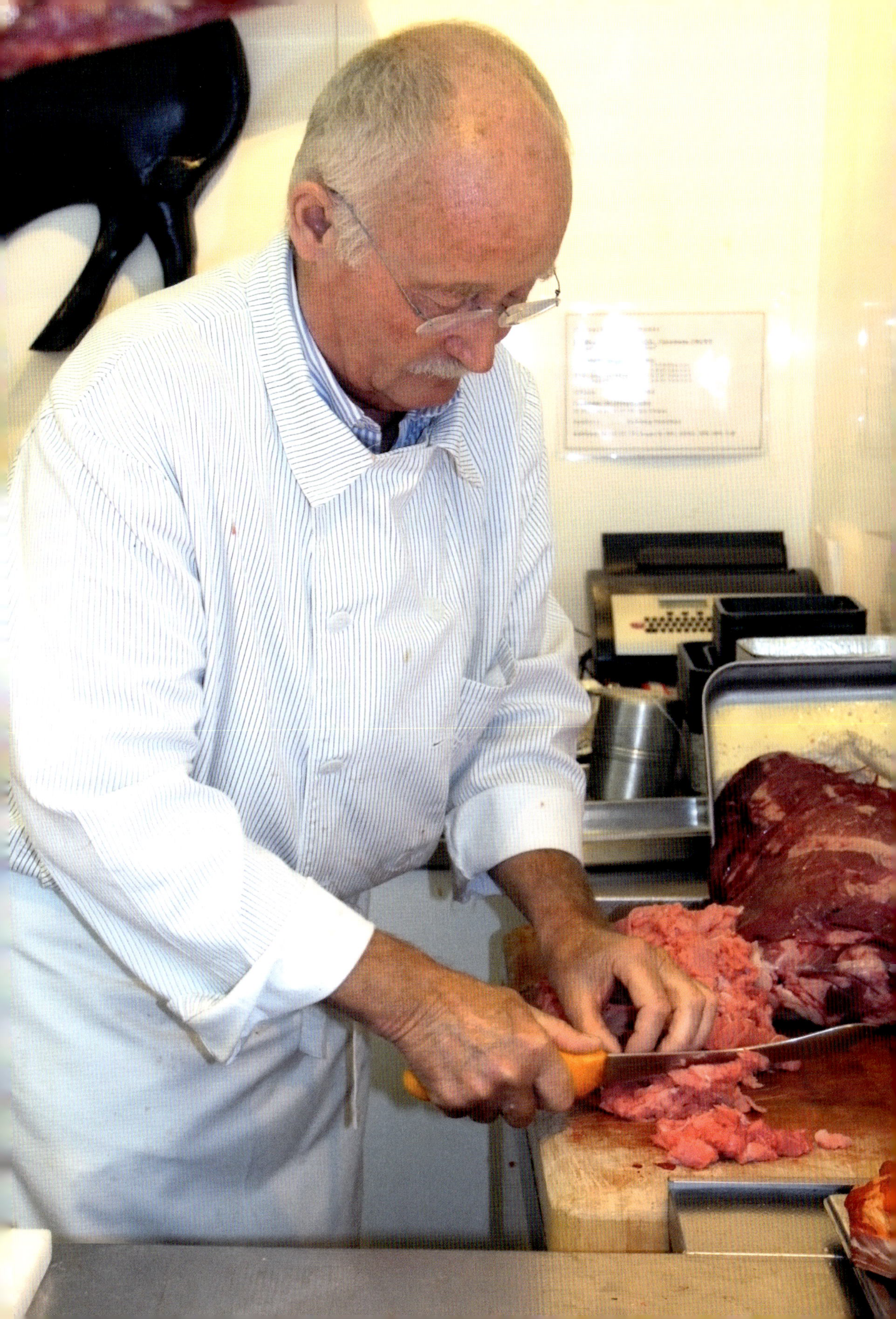

Es gibt für alles eine Bürste! Für Kleider, Gläser, Jalousien, Fingernägel, Flaschen, Gemüse, Thermoskannen, Bücher oder Bilderrahmen. Sie sind aus wunderbar weichem Ziegenhaar, Naturborsten oder Blattfasern. Bei Roswitha Schatz gibt es sogar eine kleine Drahtbürste, die die Haarbürste reinigt. Über 200 verschiedene Bürsten hat die Händlerin im Angebot. Ihr Stand für Holz- und Naturwaren versorgt die Kunden aber auch mit vielen anderen nützlichen Dingen: Neben Brettchen (kleinen, mittleren oder großen und auch solchen mit eingebautem Krauthobel) gibt es Fliegenklatschen, Pfannenwender, Pfauenfeder-Staubwedel und Rückeneincremer, Türstopper und Fußmassierer – und alles aus guter westfälischer Herstellung. Manches, wie den handgefertigten Nussknacker, wird es leider nicht mehr lange geben. Der Hersteller ist über 70 Jahre alt und findet keinen Nachfolger für sein Geschäft. Bald hat Roswitha Schatz den letzten dieser Nussknacker verkauft.

Biergulasch – *Roswitha Schatz, Naturwaren Schatz*

Für vier Personen:

750 g gemischtes Rind- und Schweinefleisch

300 g Zwiebeln

150 g Champignons

80 g Schweineschmalz

½ l helles Bier

½ Teelöffel Kümmelpulver

1 Esslöffel edelsüßer Paprika

1 Gewürzsträußchen: Oregano, Rosmarin, Petersilie

2 Esslöffel geriebenes Schwarzbrot
Salz, Pfeffer

Das Fleisch waschen, trocken tupfen und in 3 bis 4 cm große Würfel schneiden. Die Zwiebeln schälen und in Achtel schneiden. Die Champignons putzen. Die Zwiebeln und das Fleisch im heißen Schmalz anbraten. Die Hälfte des Biers angießen, das Gewürzsträußchen und das Paprika- und Kümmelpulver zugeben. Etwa 45 Minuten bei mittlerer Temperatur sanft köcheln lassen. Anschließend die Pilze, das Schwarzbrot und das restliche Bier zum Fleisch geben und bei kleiner Hitze noch 5 weitere Minuten köcheln lassen.

Mit Salz und Pfeffer abschmecken und servieren.

Das Biergulasch schmeckt am besten mit Bandnudeln oder Salzkartoffeln. Im Bierland Belgien isst man es traditionell zu Pommes Frites: Stoofvlees met frieten.

Rinderfilet in schwarzer Pfeffermarinade

Jörg Anton Schlösser, Metzgerei Schlösser

Für sechs Personen:

1,5 kg Rinderfilet

Marinade:

1 große Zwiebel

2 Karotten

1 Stange Staudensellerie

2 Esslöffel schwarzer Pfeffer

8 Wacholderbeeren

4 Knoblauchzehen

3 Esslöffel Olivenöl

100 ml Weinessig

1 Flasche Rotwein, z. B. Côte-Rôtie, Pommard oder Bandol

1 großes Kräutersträußchen: 2 Lorbeerblätter, 1 Bund Thymian, die Stiele von einem Bund Petersilie

Sauce:

2 Teelöffel Instant-Geflügelbrühe

1 Teelöffel Tomatenmark

120 g Butter in kalten Stückchen

2 Esslöffel Kartoffelmehl

1 Teelöffel Johannisbeer-Gelee

Salz, Pfeffer

Das Fleisch muss 24 Stunden marinieren. Beginnen Sie also schon am Vortag mit den Vorbereitungen.

Für die Marinade die Zwiebel, die Karotten und den Knoblauch schälen. Den Staudensellerie putzen. Alles in feinste Würfel schneiden. Das Gemüse mit 3 Esslöffeln Olivenöl in einen flachen Topf geben. Bei mittlerer Hitze schmoren, bis das Gemüse zu bräunen beginnt. Mit dem Weinessig ablöschen und 5 Minuten kochen lassen. Den Rotwein dazugießen. Die Pfefferkörner im Mörser andrücken und mit den Wacholderbeeren und dem Kräutersträußchen dazugeben. Den Topf zudecken und bei schwacher Hitze 20 Minuten köcheln. Die Marinade in ein Gefäß gießen, das nicht viel größer ist als das Filet, und abkühlen lassen. Das Rinderfilet in die kalte Marinade legen, es muss vollständig von der Flüssigkeit bedeckt sein.

Das Gefäß abdecken und 24 Stunden kühl stellen.

Am nächsten Tag das Rinderfilet aus der Marinade nehmen und gut abtropfen lassen. Die Marinade in einem Topf mit der Instant-Geflügelbrühe und dem Tomatenmark bei starker Hitze auf ein Viertel einkochen lassen.

Den Backofen auf 250 Grad vorheizen.

Das Fleisch gut abtrocknen und auf beiden Seiten leicht salzen und pfeffern. 2 Esslöffel der Butter in einen Bräter geben und in den vorgeheizten Ofen schieben. Wenn die Butter zu brutzeln beginnt, das Rinderfilet hineinlegen und anbraten. Danach wenden und, je nach Dicke des Filets, 20 bis 25 Minuten braten. Einen kleinen Teller umgedreht auf einen großen Teller legen, das Fleisch aus dem Ofen nehmen und darauf legen. Mit Alufolie bedecken und im ausgeschalteten Ofen warm stellen.

Den Bratensatz mit der eingekochten Marinade ablöschen. Mit einem Holzlöffel den Bratensatz am Boden und an den Rändern des Bräters lösen. Die Sauce durch ein feines Sieb in einen kleineren Topf gießen und bei schwacher Hitze köcheln lassen.

Das Kartoffelmehl mit etwas Wasser glatt rühren und in kleinen Portionen in die kochende Sauce rühren, bis sie die gewünschte Konsistenz hat. Vom Herd ziehen und mit Salz und Pfeffer abschmecken. Mit einem Schneebesen die restliche Butter und das Johannisbeer-Gelee unterziehen.

Das Filet aufschneiden und auf eine vorgewärmte Platte legen. Mit frisch gemahlenem Pfeffer bestreuen und mit der Sauce, die getrennt in einer Saucière gereicht wird, servieren.

Metzger Schlösser empfiehlt, das Fleisch vor dem Anschneiden unbedingt ruhen zu lassen. Auf diese Weise kann sich der Fleischsaft im Fleisch verteilen und läuft nicht heraus, wenn das Fleisch aufgeschnitten wird.

Himmel un Äd – *Jörg Anton Schlösser, Metzgerei Schlösser*

Für vier Personen:

- 400 g mehligkochende Kartoffeln
- 200 g Boskop-Äpfel
- 200 g Elstar-Äpfel
- 125 g Butter
- 100 ml trockener Weißwein
- 1 kleiner Zweig Majoran
- 400 g Blutwurst
- 30 g Mehl
- 200 g Gänsestopfleber oder Kalbsleber
- 100 g Gänsefett
- 250 g Schalotten
- Salz, Pfeffer

Die Kartoffeln und die Äpfel waschen, schälen und vierteln. Die Äpfel vom Kerngehäuse befreien. Die Boskop-Äpfel nochmals halbieren und mit etwas Butter, Weißwein und dem Majoranzweig in einem geschlossenen Topf circa 5 Minuten garen. Den Deckel abnehmen und alle Flüssigkeit verdampfen lassen.

Die Kartoffeln in Salzwasser in circa 20 Minuten weich kochen. Die Elstar-Äpfel in gleichmäßig große Scheiben schneiden.

Die Blutwurst in 100 g schwere Stücke schneiden, diese der Länge nach halbieren und leicht mit Mehl bestäuben. Die Gänseleber putzen und in 50 g schwere, gleichmäßig große Stücke schneiden. Mit Salz und Pfeffer würzen und ebenfalls leicht mehlieren. Falls Sie Kalbsleber verwenden: Die Leber enthäuten, fein schnetzeln und leicht mehlieren.

Die Schalotten schälen, halbieren, in feine Scheiben schneiden und mit wenig Mehl bestäuben.

Das Gänsefett in einer Pfanne erhitzen. Die Blutwurst darin von allen Seiten knusprig braun braten und warm stellen. Im selben Fett die Gänseleber von beiden Seiten ganz kurz anbraten. Falls Sie Kalbsleber verwenden: Die geschnetzelte Leber von allen Seiten gut bräunen, aus der Pfanne nehmen und leicht salzen und pfeffern. In derselben Pfanne die Apfelscheiben von beiden Seiten sehr kurz anbraten und herausheben. Zum Schluss die Schalotten hineingeben und goldgelb braten. Herausnehmen und auf Küchenpapier abtropfen lassen.

Die noch heißen Kartoffeln durch die Kartoffelpresse drücken. Die Butter flöckchenweise unter die heiße Kartoffelmasse rühren und die noch heißen Boskop-Äpfel untermischen. Mit Salz abschmecken.

Das Kartoffel-Apfel-Püree auf einer vorgewärmten Platte anrichten. Darauf die gebratenen Apfelscheiben legen, dann die gebratene Blutwurst und die Gänse- oder Kalbsleberstreifen und zum Schluss die gebratenen Schalotten darüber verteilen.

Himmel un Äd, auf hochdeutsch Himmel und Erde, wird schon seit dem 18. Jahrhundert gekocht. Seinen Namen erhielt das Gericht von seinen beiden Hauptbestandteilen. „Himmel" steht für die Äpfel an den Bäumen, „Äd" für die Äpfel in der Erde: die Erdäpfel. Diese Bezeichnung für die Kartoffel war früher weit verbreitet und ist auch heute noch in einigen Landstrichen gängig.

Blutwurst mit Gewürztraminer-Sauce und Kartoffelpüree – *Peter Brollik, Markt-Weinhandlung*

Für vier Personen:

50 g helle Rosinen

1 Glas trockener Gewürztraminer Spätlese

3 kleine Schalotten

250 g Butter, davon 100 g in eiskalten Stückchen

700 g mehligkochende Kartoffeln

75 ml süße Sahne, eventuell mehr

1 Ring frische, ungeräucherte Blutwurst

Salz, Pfeffer, Zucker, Muskat

Zitronensaft

Die Rosinen waschen und 1 Stunde im Gewürztraminer einweichen. Die Schalotten schälen, in sehr feine Würfel schneiden und in etwas Butter anschwitzen. Bevor sie braun werden, mit dem Gewürztraminer und den Rosinen ablöschen. Weiterdünsten, bis etwa 2/3 der Flüssigkeit verdampft sind, und die eiskalten Butterstückchen einrühren, bis die Sauce sämig wird, sie darf jetzt nicht mehr kochen. Mit Salz, Pfeffer, einer Prise Zucker, ein paar Spritzern Zitronensaft und einem Schuss Gewürztraminer abschmecken und vom Herd ziehen.

Die Kartoffeln schälen, in größere Stücke schneiden, waschen und in wenig Salzwasser etwa 20 bis 25 Minuten garen. Die Kartoffeln abgießen und mit der restlichen Butter und der Sahne („auf der nach oben offenen Siebeck-Skala", Peter Brollik) stampfen. Mit Salz, Pfeffer und Muskat abschmecken.

Die Blutwurst in heißem Wasser unterhalb des Siedepunktes etwa 15 Minuten ziehen lassen. Aus dem Wasser nehmen und in vier Portionen teilen. Die Haut einritzen und vorsichtig schälen. Blutwurst, Kartoffelpüree und reichlich Traminer-Sauce auf vorgewärmten Tellern anrichten. Natürlich trinkt man dazu einen Gewürztraminer.

Die „nach oben offene Siebeck-Skala" bezieht sich auf ein legendäres, extrem buttriges Rezept für Kartoffelpüree aus Siebecks ZEIT-Sommerseminar 2000. Nach dem Vorbild des berühmten französischen Sternekochs Joel Robuchon verwendete Siebeck 250 g Butter und 300 ml Vollmilch auf 1 Kilogramm Kartoffeln, rät aber gleichzeitig, es nur in kleinen Portionen zu servieren.

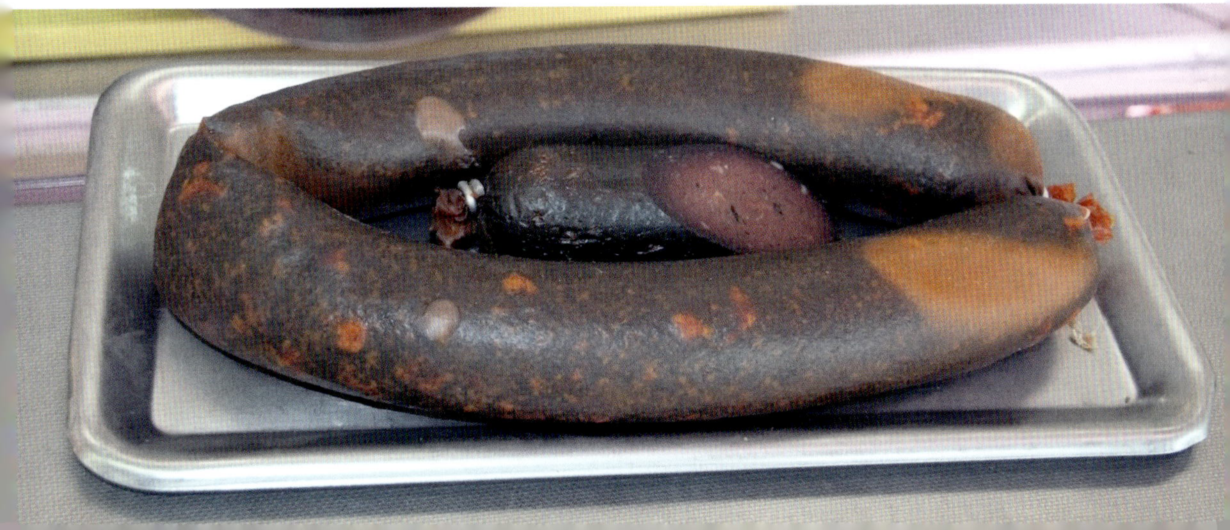

Stielmus mit Kasslerfleisch – *Bernd Beilstein, Obst und Gemüse*

Für vier Personen:

1,5 kg Stielmus
1 Zwiebel
4 Scheiben Kassler
1 kg Kartoffeln
1 Bund glatte Petersilie
2 Esslöffel Butter
Salz, Pfeffer

Das Stielmus in 1 cm breite Streifen schneiden und gut waschen. In reichlich kochendem Salzwasser kurz blanchieren, mit kaltem Wasser abschrecken und abtropfen lassen. Die Zwiebel schälen, würfeln und in einem großen Topf in der heißen Butter anschwitzen. Das blanchierte Stielmus zugeben und mit Salz und Pfeffer würzen. Die Kasslerscheiben auf das Gemüse legen und zugedeckt etwa 25 Minuten garen.

Die Kartoffeln schälen, waschen und in etwa 1 cm große Würfel schneiden. In kochendem Salzwasser etwa 15 Minuten garen und abgießen. Die Petersilie waschen, die Blätter abzupfen und hacken. Kurz vor dem Servieren die Kasslerscheiben vom Gemüse nehmen. Die Kartoffeln und die Petersilie unter das Stielmus mischen und mit dem Kassler auf Tellern anrichten.

Statt des Kasslers können Sie auch vier Mettwürste nehmen.

Lammrücken auf Salbeipolenta

Frank Petzchen

Für vier Personen:

- 2 Lammrücken à 450 g mit Fetthaut, ohne Knochen
- 4 Knoblauchzehen
- 200 ml Kalbsfond
- 50 ml Balsamico-Essig
- 2 Thymianzweige
- 1 Rosmarinzweig
- 400 g Kirschtomaten, möglichst an der Rispe
- 500 ml Gemüsebrühe
- 200 g Maisgrieß
- 50 ml Sahne
- 50 g Butter
- 1 Zweig frischer Salbei
- Olivenöl
- Salz, Pfeffer, Zucker

Den Backofen auf 85 Grad vorheizen und eine flache Auflaufform vorwärmen.

Die Lammrücken mit Salz und Pfeffer würzen und in einer Pfanne mit 2 Esslöffeln Olivenöl und den Knoblauchzehen von allen Seiten anbraten. Dann das Fleisch in die vorgewärmte Auflaufform legen und im Ofen bei 85 Grad etwa 30 Minuten zu Ende garen.

Die Kirschtomaten an der Rispe abwaschen, trocken tupfen, mit Olivenöl beträufeln, mit Salz, Pfeffer und einer Prise Zucker würzen und zum Fleisch in den Backofen legen.
Den Kalbsfond und den Balsamico-Essig aufkochen und um die Hälfte einkochen lassen. Die Thymianblättchen abzupfen, den Rosmarin klein hacken und in die Sauce geben. Mit Salz und Pfeffer abschmecken.

Die Gemüsebrühe aufkochen und den Maisgrieß unter Rühren einrieseln lassen. Etwa 10 Minuten auf kleiner Flamme ausquellen lassen. Anschließend die Sahne und die Butter unterrühren. Die Salbeiblättchen abzupfen, in Streifchen schneiden und kurz vor dem Servieren in die Polenta geben.

Die Lammrücken aus dem Ofen nehmen und aufschneiden. Das Fleisch und die Polenta mit der Sauce übergießen und mit den gebackenen Tomaten servieren.

Lammkeule auf mediterranem Gemüse

Bio-Fleischerei Gläser

Für vier Personen:

2 kleine Auberginen
2 mittelgroße Zucchini
4 große Tomaten
1 rote Paprika
1 gelbe Paprika
1 Gemüsezwiebel
3 Knoblauchzehen
400 g Kartoffeln
2 Rosmarinzweige
2 Thymianzweige
800 g entbeinte Lammkeule
Olivenöl
Salz, Pfeffer

Den Backofen auf 180 Grad vorheizen.

Das Gemüse putzen und waschen. Die Auberginen und die Zucchini in 5 mm dicke Scheiben schneiden, die Tomaten achteln, die Paprika längs vierteln, putzen und in Streifen schneiden. Die Gemüsezwiebel und die Knoblauchzehen schälen und in feine Scheiben schneiden. Die Kartoffeln mit Schale waschen, abbürsten und in Spalten schneiden. In heißem Olivenöl anbraten und in eine Auflaufform legen. Danach das Gemüse getrennt in Olivenöl anbraten und ebenfalls in die Auflaufform schichten. Mit Olivenöl beträufeln, mit Salz und Pfeffer würzen und die Kräuterzweige dazu legen.

Die Lammkeule mit Salz und Pfeffer einreiben und in heißem Olivenöl gründlich von allen Seiten anbraten, dann auf das Gemüse legen und alles mit Alufolie abdecken. Die Form in den vorgeheizten Backofen schieben und etwa 1 Stunde garen. Die Folie in den letzten 10 Minuten abnehmen.

Das Fleisch aufschneiden und mit den Kartoffeln und dem Gemüse servieren.

Lammröllchen, gefüllt mit Pesto

Für vier Personen:

25 g Pinienkerne
1 Bund Basilikum
2 Knoblauchzehen
30 g Parmesan
100 ml Olivenöl
500 g Lammfilet
8 Sardellenfilets in Öl
1 Zitrone
15 mittelgroße Champignons
Salz, Pfeffer

Den Backofen auf 200 Grad vorheizen.

Die Pinienkerne in einer Pfanne ohne Fett rösten und abkühlen lassen. Die Basilikumblättchen grob zerkleinern. Die Knoblauchzehen schälen und fein hacken.
Den Parmesan reiben und alles im Mörser zu einer Paste verarbeiten. 8 Esslöffel Olivenöl untermischen und mit Salz und Pfeffer würzen.

Das Lammfilet in dünne Scheiben schneiden und zwischen Klarsichtfolie 3 bis 4 Millimeter dünn klopfen. Die Sardellenfilets trocken tupfen, im Mörser zerreiben und unter das Pesto rühren. Die Zitrone auspressen und den Saft mit der doppelten Menge Olivenöl verrühren. Die Basilikum-Sardellen-Masse zugeben, und noch einmal mit Salz und Pfeffer abschmecken. Die Champignons putzen.

Jede Lammscheibe mit Pesto bestreichen, aufrollen und abwechselnd je 3 Lammröllchen und 3 Champignons auf einen Spieß stecken. Mit etwas Olivenöl beträufeln, auf ein Backblech legen und in den vorgeheizten Backofen schieben. Den Grill dazuschalten und die Spieße etwa 7 Minuten braten.

Gefüllte, geschmorte Lammkeule

Für vier Personen:

2 kg entbeinte Lammkeule

6 mittelgroße Kartoffeln

Olivenöl

2 frische Rosmarinzweige

Meersalz

Füllung:

2 Esslöffel Düsseldorfer ABB-Senf

50 g frisches Weißbrot

2 Esslöffel Honig

2 Esslöffel gehackte Minzblätter

Salz, Pfeffer

Die Lammkeule vom Metzger entbeinen lassen, sodass eine große Fleischscheibe entsteht.

Den Ofen auf 190 Grad vorheizen.

Die Kartoffeln schälen, waschen und vierteln. In eine Auflaufform legen, mit Olivenöl beträufeln und mit Meersalz würzen. Die Rosmarinnadeln abstreifen, hacken und über die Kartoffeln streuen.

Für die Füllung das Weißbrot im Mixer fein zerbröseln. Den Senf, die Brösel, den Honig und die gehackte Minze miteinander verrühren und auf die Fleischscheibe streichen. Das Fleisch aufrollen und mit Küchengarn binden. Mit Olivenöl einreiben, salzen und pfeffern. Die Auflaufform mit den Kartoffeln unten in den Backofen schieben, den Bratrost darüber schieben und die Lammkeule darauf legen. Kartoffeln und Fleisch 60 Minuten braten. Das Fleisch vom Küchengarn befreien, in Scheiben schneiden und mit den Kartoffeln servieren. Dazu passt gedünstetes grünes Gemüse wie Bohnen, Zuckerschoten, Broccoli oder Mangold.

Lammfilets mit Cabrioulet auf Gemüsepuffer

Manfred Wionczeck, Käsespezialitäten

Für vier Personen:

600 g Lammfilet ohne Knochen

2 dicke Scheiben gekochter Schinken

je 1 frischer Rosmarin- und Thymianzweig

50 ml Olivenöl

400 g Kartoffeln

100 g Karotten

100 g Frühlingszwiebeln

1 Ei

30 g Butter

200 g Cabrioulet-Käse

Salz, Pfeffer

Den Backofen auf 180 Grad vorheizen.

Das Lammfilet waschen und trocken tupfen. In den gekochten Schinken wickeln und in etwa 12 Scheiben schneiden, den Schinken mit Holzspießchen fixieren. Die Filetscheiben zusammen mit dem Rosmarin- und dem Thymianzweig in das Olivenöl legen und 30 Minuten marinieren. In der Zwischenzeit die Kartoffeln und die Karotten schälen, waschen und fein raspeln. Die Frühlingszwiebeln waschen und putzen, das Weiße in feine Ringe schneiden. Kartoffeln, Karotten und Frühlingszwiebel mit dem Ei vermengen. In einer großen Pfanne die Butter erhitzen, die Kartoffelmasse in vier Portionen hineingeben und mit einem Pfannenwender flach drücken. Die Gemüsepuffer von beiden Seiten langsam goldgelb braten und auf Küchenpapier abtropfen lassen. In derselben Pfanne die Lammfilets von beiden Seiten anbraten, salzen und pfeffern.

Den Cabrioulet entrinden und in acht Scheiben schneiden. Jeweils eine Scheibe Cabrioulet auf einen Gemüsepuffer legen, darauf drei Scheiben Lammfilet und zum Schluss wieder eine Scheibe Cabrioulet. Im vorgeheizten Backofen kurz überbacken, bis der Käse schmilzt, und sofort servieren.

Der Cabrioulet reift mindestens drei Monate in natürlichen Felsenkellern bei maximaler Luftfeuchtigkeit. Alle zwei Tage wird der Käse mit Salzwasser abgewaschen, damit sich die roten Fermente entwickeln. Nach einigen Tagen beginnt die Rinde sich leicht zu verfärben, bis sie am Ende der Reifung ihre typisch orange Farbe hat. Der Cabrioulet hat einen würzigen Geschmack, sein Teig ist zart schmelzend. Er passt perfekt zu einem kräftigen Rotwein.

Tafelfertig zubereitet. Nur heißmachen
Gewichtsverlust durch Erhitzen
1 Roulade
vom Pferd
Heinz Schmitz Am Dreieck 8 41569 Rommerskirchen-Anstel

1 Roulade
vom Pferd
Für den Hund
Auf Bestellung :
Fleisch : grob oder fein
1 KG 4 €
oder in der Dose
500g 4 €
Frischfleisch -

Für die Qualität seiner Fleischwurst hat Metzger Heinz Schmitz vor ein paar Jahren eine hohe Auszeichnung erhalten. Die Urkunde mit Minister-Unterschrift hängt an der Rückseite seines Standes. Die Fleischwurst – und das ist vielleicht das Bemerkenswerte – ist aus Pferdefleisch. Heinz Schmitz verkauft viel an Stammkunden – und eher an Männer als an Frauen. Pferdefleisch weckt bei vielen zwiespältige Gefühle, anders übrigens als bei Franzosen, Belgiern und Italienern, für die Pferdefleisch eine Delikatesse ist. Tatsächlich hat es klare Pluspunkte: Es ist mager, reich an Eiweiß und hat wenig Cholesterin, es ist zarter als gut abgehangenes Rindfleisch, hat kürzere Garzeiten und ist auch noch etwas günstiger. Es gibt Rouladen, Filet und Roastbeef und im Prinzip kann man alle Rezepte für Rindfleisch auch mit Pferdefleisch zubereiten. Hierzulande ist der Rheinische Sauerbraten das bekannteste Gericht, das im Original mit Pferdefleisch zubereitet wird.

Fettine di Cavallo: Rouladen aus Pferdefleisch in Tomatensugo – *Schmitz Pferdemetzgerei*

Für vier Personen:

- 4 nicht zu dünne Schnitzel vom Pferd à 200 g
- 1 kleiner Bund glatte Petersilie
- 2 Knoblauchzehen
- 100 g Feta
- 1 rote Zwiebel
- 125 ml gutes Olivenöl
- 125 ml Rotwein
- 300 ml pürierte Tomaten
- Salz, Pfeffer

Die Schnitzel von beiden Seiten flach klopfen und mit reichlich Pfeffer und wenig Salz würzen. Die Petersilie waschen und fein hacken, die Knoblauchzehen schälen und fein würfeln, den Schafskäse ebenfalls in kleine Würfel schneiden; alles gleichmäßig auf die Rouladen verteilen. Die Schnitzel aufrollen, dabei die Ränder einschlagen, damit die Füllung nicht herausquillt, und mit einem Holzstäbchen fixieren. Die Zwiebel schälen, in kleine Würfel schneiden und in einer Pfanne in dem heißen Olivenöl andünsten. Die Rouladen hinzugeben und bei mittlerer Hitze von allen Seiten anbraten. Dann den Rotwein angießen und etwas einkochen lassen. Die pürierten Tomaten hinzugeben und bei kleiner Hitze zugedeckt etwa 20 Minuten köcheln lassen. Die Sauce mit Salz und Pfeffer abschmecken. Vor dem Servieren die Holzstäbchen aus den Rouladen entfernen und mit der Sauce überziehen.

Rheinischer Sauerbraten aus Pferderoastbeef

Schmitz Pferdemetzgerei

Für vier Personen:

1 Karotte
1 Stange Lauch
1/4 Sellerieknolle
1 Gemüsezwiebel
1/2 l Fleischbrühe
1/4 l Rotweinessig
1 Teelöffel Zucker
2 Nelken
1 Lorbeerblatt
4 Wacholderbeeren
1 kg Pferderoastbeef
2 Esslöffel Schmalz
200 ml Altbier
Salz, Pfeffer
1–2 Esslöffel Rübenkraut

Das Gemüse putzen. Karotte, Sellerie und Zwiebel grob würfeln, die weißen und hellgrünen Teile vom Lauch in Scheiben schneiden. Mit der Fleischbrühe, dem Rotweinessig, dem Zucker und den Gewürzen aufkochen. Das Fleisch in die warme Marinade legen und beschweren, damit es ganz von der Marinade bedeckt ist. Mindestens 3 Tage kalt stellen.

Das Fleisch herausnehmen, trocken tupfen und in einem Bräter im heißen Schmalz anbraten. Mit dem Bier ablöschen und einkochen lassen. Die Marinade in einem anderen Topf aufkochen und den Schaum, der beim Kochen entsteht, abschöpfen. Das Gemüse herausheben und mit einem Drittel der Marinadenflüssigkeit zum Braten geben. Zugedeckt etwa zweieinhalb Stunden im Backofen bei 200 Grad schmoren. Das Fleisch aus dem Topf nehmen und warm stellen. Das Lorbeerblatt, die Nelken und die Wacholderbeeren aus der Sauce fischen, das Gemüse mit einem Schneidstab pürieren und anschließend durch ein Sieb passieren. Die Sauce mit Salz, Pfeffer und dem Rübenkraut abschmecken. Das Fleisch aufschneiden und mit Salzkartoffeln oder Knödeln und der Sauce servieren. Im Rheinland wird dazu traditionell Apfelkompott (siehe Rezept S.121) gegessen.

deutsche
Schalen

Frische Landeier
aus Freilandhaltung
6 Stück 1,80 €
3,00 €

Geflügel und Wild

Fineplume
P'TIT DUC
de SAVEL
Coquelet
JAUNE
100%
végétale

Stubenküken mit Morcheln – *Andreas Wielens, Geflügel, Eier, Lamm*

Für vier Personen:
- 250 ml Milch
- 250 ml Wasser
- 50 g getrocknete Morcheln
- 2 Stubenküken
- 100 g Butter
- 100 ml Portwein
- 300 ml Crème fraîche
- Salz, Pfeffer

Den Backofen auf 80 Grad vorheizen.

Die Milch mit 250 ml warmem Wasser verdünnen und die getrockneten Morcheln 2 bis 3 Stunden darin einweichen. Die Küken kalt abspülen, trocken tupfen, innen und außen salzen und pfeffern. Die Hälfte der Butter in einem Schmortopf zerlassen und das Geflügel goldgelb anbraten. Die Hitze reduzieren und etwa 20 bis 25 Minuten zugedeckt weitergaren. Die Küken herausnehmen und im Backofen warm stellen, das Fett abgießen. Den Topf auf den Herd zurückstellen, den Bratensatz mit dem Portwein unter Rühren lösen und auf die Hälfte einkochen lassen. Die Sauce durch ein Sieb in einen sauberen Topf gießen, die Crème fraîche unterziehen, mit Salz und Pfeffer abschmecken und so lange reduzieren, bis die Sauce die gewünschte sämige Konsistenz hat.

In der Zwischenzeit die Morcheln in ein Sieb abgießen und gründlich waschen. In einem Topf die restliche Butter zerlassen, die Morcheln darin 10 Minuten andünsten, mit Salz und Pfeffer würzen und in die Sauce geben.

Die Küken halbieren und auf den Tellern anrichten, die Morcheln mit der Sauce getrennt dazu servieren.

Morcheln sind nach Trüffeln die extravagantesten und teuersten Speisepilze, am feinsten sind die kleinen Spitzmorcheln. Der Monat für frische Morcheln ist der April. Dann sind sie, à la nature zubereitet, ein schlichtes, aber köstliches Gericht: die frischen Morcheln längs halbieren und in zerlassener Butter auf mittlerer Flamme sechs bis sieben Minuten braten und sparsam mit Pfeffer und Salz bestreuen. Falls gewollt, mit Sahne ablöschen, die man sämig werden lässt.

Die getrockneten Morcheln sind den frischen kaum unterlegen. Beim Einweichen nehmen sie das durch das Trocknen entzogene Wasser wieder auf, so dass sie schließlich wie frische Pilze verwendet werden können. 20 g getrocknete Morcheln entsprechen etwa 80 bis 100 g frischen Morcheln.

Hähnchen im Salzmantel

Für vier Personen:

1 frisches Hähnchen, etwa 1,2 kg

3 Rosmarinzweige

125 g Frühstücksspeck in Scheiben

2 kg grobes Meersalz

5 Eiweiß

150 ml Wasser

Den Backofen auf 220 Grad vorheizen.

Das Hähnchen innen und außen abspülen und mit Küchenkrepp trocken tupfen. Die Rosmarinzweige in die Bauchhöhle stecken, die Speckstreifen um die Brust wickeln und mit Rouladennadeln oder Holzstäbchen fixieren. Das grobe Meersalz mit dem steif geschlagenen Eiweiß und 150 ml Wasser vermengen. Die Hälfte der Salzmischung auf ein Backblech geben, das Hähnchen darauf legen und mit der anderen Hälfte des Salzes bedecken. Das Hähnchen muss komplett vom Salz eingehüllt sein. Das Hähnchen in den heißen Backofenschieben und 80 Minuten backen. Nach dem Backen die Salzkruste vorsichtig aufklopfen und abheben. Das geht am besten mit einem Hammer oder der stumpfen Seite eines großen Kochmessers. Salzreste entfernen, die Rouladennadeln herausziehen und das Hähnchen sofort servieren.

Geflügel und Fisch werden in den Mittelmeerländern häufig in einer Salzkruste zubereitet: Diese schonende Garmethode lässt die Hitze durch die Salzkruste nur indirekt einwirken und ist das Geheimnis für besonders zartes, saftiges und aromatisches Geflügel oder auch für Fisch. Die Salzkruste gibt beim Backen im Ofen kaum Salz an das Fleisch oder den Fisch ab, jedenfalls nicht mehr, als ohnehin zum Würzen nötig wäre. Gleichzeitig sorgt diese Methode für ein unvergleichliches Aroma, das sich beim Öffnen der Kruste entfaltet.

Sereschk Polo: Hähnchen mit Berberitzenreis

Godnaz Langeroodi, Mediterrane Spezialitäten

Für vier Personen:

80 g Berberitzen

1 g Safranpulver

1 Teelöffel Zucker

250 g Basmati-Reis

350 ml Wasser

Salz

1 mittelgroßes, frisches Hähnchen

1 Zwiebel

2 Esslöffel Butter oder Olivenöl

Die Berberitzen vorsichtig abspülen und mit einem Teelöffel Butter und dem Zucker in einer Pfanne kurz anschwitzen und in ein Schälchen geben. Den Reis waschen, mit 350 ml Wasser aufsetzen, leicht salzen und zum Kochen bringen. Die Hitze reduzieren und den Reis langsam ausquellen lassen.

In der Zwischenzeit das Hähnchen waschen und in etwa 8 Stücke zerlegen (siehe Apfel-Curry-Hähnchen auf Seite 155). Die Zwiebel schälen und fein würfeln. Die restliche Butter in einer Pfanne schmelzen lassen, die Zwiebelwürfel glasig dünsten und die Hähnchenteile anbraten. Den Safran darüber geben und regelmäßig wenden, damit das Geflügel eine schöne gelbrote Farbe annimmt. Etwas Wasser zugeben und die Hähnchenteile zugedeckt bei mittlerer Hitze etwa 30 Minuten schmoren lassen. Bei Bedarf noch etwas Wasser dazugeben.

Den Reis auf einer Platte kuppelförmig anrichten, die Hähnchenteile rundum legen und die Berberitzen darüber streuen.

Die Berberitze, auch Sauerdorn oder Essigbeere, lateinisch berberis vulgaris, persisch „Sereschk“, stammt aus dem Mittelmeerraum. Auch bei uns kommt sie vor, allerdings meist als Zierpflanze in der Gartenhecke. Die Beeren werden von August bis Oktober geerntet. Sie schmecken erfrischend säuerlich und enthalten sehr viel Vitamin C.

Sommerliches Tandoori-Hähnchen

Für vier Personen:

8 Hähnchenbrustfilets

3 Knoblauchzehen

2 grüne Zitronen

4 Esslöffel Tandoori-Pulver

500 g Naturjoghurt

2 Tomaten

½ Gurke

einige Salat- und Minzeblätter

4 Esslöffel Erdnussöl

1 Esslöffel Weißweinessig

je 1 Esslöffel frischer schwarzer Pfeffer und grobes Salz

Am Vorabend die Hähnchenbrustfilets waschen, trocken tupfen und in 1 cm breite Streifen schneiden. Die Knoblauchzehen schälen und grob zerkleinern, eine Zitrone auspressen. Die Hähnchenbruststreifen in einer Schüssel mit grobem Salz, Pfeffer, dem Knoblauch und dem Zitronensaft würzen und 1 Stunde marinieren lassen, dabei zweimal umrühren. Anschließend das Tandoori-Pulver dazugeben, umrühren, den Joghurt dazugeben und untermischen. Die Schüssel mit Frischhaltefolie bedecken, bis zum anderen Morgen im Kühlschrank stehen lassen und nochmaös umrühren

Am nächsten Tag die Filetstreifen mit Küchenpapier abtupfen. Zwei Esslöffel Erdnussöl in einer Pfanne erhitzen und die Filet streifen portionsweise etwa 5 Minuten braten. Das restliche Öl nach Bedarf zugeben.

Die Tomaten waschen und in Scheiben schneiden. Die Gurke schälen und in Scheiben hobeln. Die Salat- und Minzeblätter waschen, trocken schleudern und auf einem großen Teller anrichten. Die Tomaten- und Gurkenscheiben darüber verteilen und die Hähnchenstreifen dazu geben. Mit dem Saft der zweiten Zitrone und einigen Tropfen Essig beträufeln und mit Basmati-Reis servieren.

Hähnchenroulade, gefüllt mit Bleu du Vercors

Andreas Wielens, Geflügel, Eier, Lamm

Für vier Personen:

4 Hähnchenbrustfilets

1 Bund Kerbel

75 g Bleu du Vercors

4 dünne Scheiben geräucherter Speck

2 Esslöffel Öl

75 g Butter, davon 45 g in eiskalten Stückchen

10 ml Madeira

Salz, Pfeffer

Die Hähnchenbrustfilets wie ein Brötchen aufschneiden, so dass 8 gleichmäßige Fleischscheiben entstehen. Das Fleisch waschen und trocken tupfen. Den Kerbel waschen, trocknen und die Blättchen abzupfen. Den Bleu du Vercors in kleine Würfel schneiden und mit 4 Esslöffeln Kerbel vermengen. Die Hähnchenfilets mit der Käse-Kerbel-Füllung bestreichen und zu Rouladen rollen. Die Speckscheiben längs halbieren und jede Roulade mit ½ Scheibe Speck umwickeln. Mit einem Holzspießchen fixieren. Das Öl in einer Pfanne erhitzen und die Rouladen etwa 2 Minuten auf jeder Seite goldbraun anbraten. Die Rouladen aus der Pfanne nehmen, das Öl aus der Pfanne abgießen und durch 30 g Butter ersetzen. Mit dem Madeira und einem Schuss Wasser auffüllen, die Rouladen wieder dazugeben und abdecken. Etwa 10 Minuten garen, dann die Rouladen herausnehmen und warm stellen. Die kalten Butterstückchen in die Sauce rühren, aber nicht mehr kochen, sonst bindet sie nicht. Mit Salz und Pfeffer abschmecken.

Die Rouladen auf vorgewärmte Teller legen, mit der Sauce überziehen und mit Kerbel bestreuen.

Dieser traditionelle Bergkäse aus der Hochebene des Vercors-Massivs im Rhône-Alpes-Gebiet wurde zuerst nur von Mönchen hergestellt, das Rezept verbreitete sich jedoch schnell in den Dörfern der Umgebung. Trotz dieser langen Tradition musste der Bleu du Vercors-Sassenage bis 1998 warten, bis er das begehrte AOC-Siegel bekam. Der milde Käse eignet sich zum Verfeinern von Saucen, als Raclette-Käse (da beim Schmelzen wenig Fett austritt) oder zum Aperitif, zum Beispiel einem Glas Sekt.

KRÄUTERHEXE
€ 2·50
KRÄUTERHEXE
KRÄUTERHEXE
KRÄUTER · HONIG · TEE · GEWÜRZE
MADRAS
CURRY
UNSER BESTES
50g
€ 1·60
KRÄUTERHEXE
BASILIKUM
gerebelt
20g

Apfel-Curry-Hähnchen

Für vier Personen:

1 frisches Hähnchen, etwa 1,2 kg

50 g Butter

4 Esslöffel Currypulver

500 g Zwiebeln

500 g Boskop-Äpfel

1 Kräutersträußchen: Thymian, Lorbeerblatt, Petersilie

2–3 Knoblauchzehen

200 ml Sahne

Salz, Pfeffer

Das Hähnchen in 8 Teile zerlegen (oder vom Geflügelhändler zerteilen lassen). Zunächst werden die Schenkel abgetrennt – einfach vom Körper wegziehen, dann kugelt das Gelenk aus und die Schenkel lassen sich ganz leicht herausdrehen – und im Gelenk in Keule und Oberschenkel geteilt. Die Brust am Brustbein entlang längs halbieren, jede Brusthälfte noch einmal in zwei Teile schneiden. Die Flügel ebenfalls abtrennen. Die übrig gebliebene Karkasse wegwerfen oder für eine Hühnerbrühe verwenden.

Die Hähnchenteile kalt abspülen, trocken tupfen und in einer großen Pfanne in der heißen Butter rundherum goldbraun anbraten. Anschließend das Currypulver darüber streuen, die Hähnchenteile wenden, damit sie gleichmäßig vom Curry überzogen werden. Die Zwiebeln schälen und in Spalten schneiden, auch die Äpfel schälen und in grobe Stücke schneiden. Beides zum Hähnchen in die Pfanne geben. Salzen und pfeffern, das Kräutersträußchen und die geschälten, ganzen Knoblauchzehen dazulegen und alles etwa 35 Minuten zugedeckt schmoren lassen. Die Hähnchenstücke aus der Pfanne nehmen und warm stellen. Die Sahne in den Bratfond gießen und bei starker Hitze leicht sämig einkochen lassen. Die Hähnchenteile auf Tellern anrichten und mit reichlich Sauce überziehen.

Dazu schmeckt am besten ein frisches Baguette, mit dem man die köstliche Sauce auftunken kann.

Kaufen Sie unbedingt ein Hähnchen, das artgerecht aufgezogen wurde, mit Platz zum Herumlaufen, am besten im Freien, und mit anständigem Futter. Die Geflügelhändler auf dem Carlsplatz bieten Ihnen solche Freiland-Hähnchen an. Es ist klar, dass sie ein bisschen teurer sind als Tiere aus Käfighaltung – aber anständige Lebensmittel sind ihr Geld allemal wert. Sie werden es schmecken!

Wachtelbrust mit Wachtelspiegelei und gerösteten Pinienkernen an Salat – *Frank Petzchen*

Für vier Personen:

die ausgelösten Brüste von 4 Wachteln

3 Esslöffel Sonnenblumenöl

2 Esslöffel Pinienkerne

4 Wachteleier

80 g Mischsalat

60 ml Apfelessig

80 ml Traubenkernöl

1 Teelöffel Honig

1 Teelöffel Senf

Salz, Pfeffer

½ Bund junge Radieschen

1 Bund Schnittlauch

Den Backofen auf 180 Grad vorheizen.

Die Wachtelbrüste waschen und trocken tupfen. Mit Salz und Pfeffer würzen und von beiden Seiten kurz in 2 Esslöffel heißem Sonnenblumenöl anbraten. Anschließend im heißen Backofen etwa 5 Minuten zu Ende garen.

Die Pinienkerne in einer Pfanne ohne Fett anrösten und abkühlen lassen.

Aus den Wachteleiern im restlichen Sonnenblumenöl Spiegeleier braten. Die Innenhaut der Wachteleier ist extrem zäh und lässt sich am besten mit einem Messer öffnen.

Den Salat putzen, waschen und trocken schleudern. Die Radieschen putzen und in dünne Scheiben, den Schnittlauch in kleine Röllchen schneiden. Aus Apfelessig, Traubenkernöl, Honig, Senf, Salz und Pfeffer eine Vinaigrette rühren und den Salat damit anmachen. Radieschen, Schnittlauch und die gerösteten Pinienkerne über den Salat streuen.

Den Salat auf Tellern anrichten und jeweils 2 Wachtelbrüstchen und ein Spiegelei daneben legen.

Rosa gebratene Entenbrust auf buntem Blütensalat mit Himbeer-Walnuss-Dressing

Frank Petzchen

Für vier Personen:

2 Barbarie-Entenbrüste, am besten weibliche

Salz, Pfeffer

2 Esslöffel Walnussöl

4 Esslöffel Himbeer-Balsamessig

1 Teelöffel Honig

2 Handvoll gemischter Salat

50 g Sauerampfer und Liebstöckel

50 g Pimpinelle

100 g Rucola

20 Blüten von der Primel

20 Blüten vom Salbei

1 Schale essbare Blüten (Kapuzinerkresse, Stiefmütterchen, Borretschblüten, Salatchrysanthemen)

Den Backofen auf 140 Grad vorheizen.

Die Kräuter und den Salat verlesen, waschen und trocken schleudern. Die Blüten vorsichtig von eventuellem Schmutz befreien. Die Entenbrüste von Fett und Sehnen befreien, mit Salz und Pfeffer würzen und mit der Hautseite nach unten in die kalte Pfanne legen. Die Pfanne langsam heiß werden lassen und die Hautseite knusprig braun braten, wenden und die andere Seite kurz anbraten. Im Ofen in etwa 8 Minuten zu Ende garen, anschließend 2 Minuten ruhen lassen und dann quer zur Faser in Scheiben schneiden.

Das Walnussöl und den Himbeer-Balsamessig miteinander vermischen. Einen guten Teelöffel Honig und eine Prise Salz dazugeben und so lange verrühren, bis der Honig sich vollständig aufgelöst hat. Salat, Kräuter und Blüten auf Tellern anrichten. Mit der Vinaigrette beträufeln und die Entenbrustscheiben darauf legen.

Bei Barbarie-Enten empfiehlt es sich, die Brüste von weiblichen Tieren zu nehmen. Sie sind zwar kleiner als ihr männliches Pendant, dafür aber saftiger und aromatischer.

Entenbrust mit Apfeltatin

Für vier Personen:

3 Schalotten
100 g Butter
100 ml trockener Cidre
2 Zitronen
100 ml Calvados
1,5 kg säuerliche Äpfel, am besten Kanadarenette
2 Barbarie-Entenbrüste
Salz, Muskat, Pfeffer
Rohrzucker

Die Schalotten schälen, fein hacken und mit etwas Butter, dem Cidre und einer Prise Salz in einen kleinen Topf geben. Bei nicht zu hoher Temperatur die Flüssigkeit bis auf die Hälfte einkochen lassen.

In der Zwischenzeit die Zitronen in eine große Schüssel auspressen, eine Prise Muskat, etwas Pfeffer und den Calvados hinzugeben. Die Äpfel schälen, vierteln, das Kerngehäuse herausschneiden und mit dem Zitronen-Calvados-Saft vermischen.

Die Entenbrüste kalt abspülen und trocken tupfen. Mit einem scharfen Messer die Hautseite kreuzweise einschneiden. Die Entenbrüste mit der Hautseite nach unten in eine heiße Pfanne legen und nur auf der Hautseite bei mittlerer Hitze etwa 5 Minuten bräunen. Herausnehmen und auf Küchenpapier abtropfen lassen. Das Fleisch quer in dünne Scheiben schneiden und beiseite stellen.

Das ausgelassene Entenfett in der Pfanne erhitzen, die Schalotten-Cidre-Sauce dazugießen und fast vollständig verdampfen lassen, dann den Rest der Butter zugeben. Die Butter erhitzen,

ohne sie braun werden zu lassen, 1 Teelöffel Rohrzucker einrühren und den Zitronen-Calvados-Saft von den eingelegten Äpfeln dazugießen. Alles bei mittlerer Temperatur zu Sirup einkochen und anschließend vom Herd nehmen.

Den Backofen auf 165 Grad vorheizen.
Eine Tarteform buttern, mit wenig Rohrzucker bestreuen. Die geviertelten Äpfel in feine Scheiben schneiden, in der Form verteilen und pfeffern. Dann eine Schicht Entenbrustscheiben darüber legen, mit der Sauce beträufeln. Den Abschluss bildet eine Lage Apfelscheiben. Den Rest der Sauce darüber geben. Die Fettpfanne des Backofens etwa 2 cm hoch mit Wasser gefüllt und auf die unterste Schiene des Backofens stellen. Die Entenbrust-Tatin mit Alufolie bedecken, vorsichtig in das Wasserbad stellen (es darf kein Wasser in die Form laufen) und 45 Minuten backen.

Gegen Ende der Garzeit die Alufolie entfernen und einige Minuten weiter backen, bis die Früchte schön angebräunt sind. Die Entenbrust-Tatin aus der Form nehmen und heiß servieren.

Eine Tarte Tatin ist eine französische Apfeltarte, die „verkehrt herum“, also mit den Äpfeln nach unten, gebacken wird. Sie ist nach den Schwestern Tatin benannt: „In einem kleinen Dorf an der Loire lebten im 19. Jahrhundert die beiden Schwestern Tatin. Sie führten ein kleines Hotel mit Café-Restaurant und servierten den besten Apfelkuchen der ganzen Gegend. Die Jüngere war in den Sohn des Lehrers verliebt. Eines Tages überraschte er sie in der Küche mit einem Blumenstrauß. Da fiel der Armen vor Schreck ein frisch gebackener Apfelkuchen auf den Boden. Sie legte ihn schnell mit der Apfelseite nach unten wieder in die Form zurück, bedeckte die Äpfel mit frischem Teig und stellte den Kuchen noch einmal in den Ofen. Die Tarte mit den karamellisierten Äpfeln schmeckte den Gästen so gut, dass sie mehr davon wollten. Also backten die Schwestern Tatin seit dem Tag ihre Tarte mit den Äpfeln kopfüber, die seitdem Tarte Tatin hieß.“

EIERMANN

Es gibt Stammkunden, die kaufen Geflügel seit mehr als 20 Jahren bei Wielens, da wissen sie, was sie bekommen. Vertrauen, sagt Thomas Hülsmann, ist auf dem Markt ein hohes Gut. Die Kunden verlassen sich auf die Händler, auf gute, frische Ware. Und die kommt bei Wielens größtenteils aus dem Geflügelland Frankreich. Die Poularden tragen ein französisches Qualitätssiegel, das für artgerechte Haltung, gesunde Fütterung und bäuerliche Aufzucht steht – das heißt, die Tiere haben mindestens elf Quadratmeter Auslauf, werden frühestens nach 81 Tagen (Standard 35 Tage) geschlachtet und haben entsprechend Zeit zu wachsen. Auch Wachteln, Stubenküken, Tauben, Schwarzfeder-Poularden, Perlhühner und Enten sind hier erhältlich, und das wissen die Kunden, viele von ihnen Hobbyköche, zu schätzen. Im Herbst, zur Jagdsaison, gibt es zusätzlich Fasan. Neben Freilandgänsen und Putern aus dem Münsterland verkauft Wielens auch Hühner-, Gänse- und Wachteleier sowie Wild und Lamm. Selten fragt jemand mal nach einem Kapaun – auch der wird dann besorgt. Allerdings weist Thomas Hülsmann den Kunden vorher darauf hin, dass der kastrierte Hahn, der mit Frischmilch aufgezogen wird und dessen Fleisch als besonders schmackhaft gilt, bei einem Gewicht von drei Kilo nicht unter 70 Euro kosten wird.

Lackierte Ente – *Andreas Wielens, Geflügel, Eier, Lamm*

Für sechs Personen:

- 1 Ente, etwa 3 kg
- 2 Knoblauchzehen
- 2 Frühlingszwiebeln
- 3 Esslöffel Sojasauce
- 3 Esslöffel Sherry
- 2 Esslöffel Honig
- Salz

Die küchenfertig vorbereitete Ente gut waschen und trocken tupfen. Innen und außen mit wenig Salz einreiben.

Den Backofen auf 180 Grad vorheizen.

Die Knoblauchzehen schälen und mit einem Messerrücken zerdrücken, die Frühlingszwiebeln putzen und die weißen Teile sehr fein hacken. Alles mit der Sojasauce vermischen und den Sherry hinzufügen. Die Menge halbieren und den Honig mit der einen Hälfte vermischen. Die Entenhaut damit einreiben und ein paar Minuten stehen lassen, bis die Sauce getrocknet ist, dann den Vorgang wiederholen. Den Rest der Honig-Soja-Sauce mit ¼ l kochendem Wasser verrühren und beiseite stellen.

Die andere Hälfte der Sauce in die Bauchhöhle der Ente geben. Die Ente auf einen Rost legen und auf die untere Einschubleiste des heißen Backofens schieben. Eine Fettpfanne darunter stellen, und etwa 2 cm hoch Wasser einfüllen. Die Ente 2 Stunden braten und während dieser Zeit alle 15 Minuten mit der restlichen Honig-Soja-Sauce bestreichen. Aufpassen, dass das Wasser in der Fettpfanne nicht verdunstet, wenn nötig Wasser nachgießen.

Die Ente aus dem Ofen holen, tranchieren und servieren.

Gänsekeulen mit Wirsing und Polenta

Andreas Wielens, Geflügel, Eier, Lamm

Für vier Personen:

- 4 Gänsekeulen à 450 g
- 2 Teelöffel Fenchelsaat
- 2 Lorbeerblätter
- 1/8 l Weißwein
- 250 g Maisgrieß
- 150 ml Wasser
- 8 Salbeiblätter
- 2 Knoblauchzehen
- 50 g getrocknete Tomaten in Öl
- 600 g Wirsing
- Salz, Pfeffer

Die Keulen waschen und trocken tupfen. Mit Salz und Pfeffer würzen. In einem heißen, flachen Bräter ohne Fett 8 bis 10 Minuten langsam auf der Unterseite anbraten, damit das Fett austreten kann. Die Keulen wenden und von der anderen Seite goldbraun braten. Das Fett bis auf etwa 1 Esslöffel abgießen und aufbewahren.

1 Teelöffel Fenchelsaat im Mörser anquetschen und mit den Lorbeerblättern im Bräter andünsten, mit dem Wein ablöschen. Die Keulen zugedeckt 1 Stunde bei milder Hitze schmoren lassen, dabei ab und zu wenden.

Inzwischen den Maisgrieß in 650 ml kochendes, gesalzenes Wasser einrühren und 8 bis 10 Minuten unter Rühren bei schwacher Hitze quellen lassen. Eine Tarteform mit dem ausgelassenen Gänsefett einpinseln und die Polenta gleichmäßig darin verstreichen. Die Oberfläche mit Gänsefett einpinseln und mit den Salbeiblättern belegen.

Den Backofen auf 225 Grad vorheizen.

Den Knoblauch pellen und in dünne Scheiben schneiden. Die Tomaten abtropfen lassen und würfeln. Den Wirsing putzen, vierteln, in feine Streifen schneiden und etwa 3 Minuten in kochendem Salzwasser blanchieren, anschließend gut abtropfen lassen.

Die Tarteform mit der Polenta auf einem Backblech in den vorgeheizten Backofen auf die zweite Einschubleiste von unten stellen. Die Keulen aus dem Bräter nehmen und abtropfen lassen. Auf den Rost legen und auf die Leiste direkt über der Polenta in den Backofen schieben, sodass das abtropfende Fett die Polenta beträufelt. Die Keulen mit der restlichen Fenchelsaat bestreuen und in etwa 20 bis 25 Minuten knusprig braten. Inzwischen den Knoblauch und die Tomaten im Bräter mit dem restlichen Gänseschmorfett andünsten, den Wirsing unterrühren. Mit Salz und Pfeffer würzen und zugedeckt 20 Minuten garen.

Die Gänsekeulen mit der Polenta und dem Wirsing auf den Tellern anrichten und servieren.

Dieses Essen schmeckt wirklich sehr köstlich, ist aber zugegebenermaßen ziemlich schwer. Vor den Genuss sollten Sie am besten einen langen Winterspaziergang setzen.

Puter, gefüllt mit Backpflaumen

Andreas Wielens, Geflügel, Eier, Lamm

Für 8 Personen:

1 Puter, etwa 3,8 kg

30 g Butter

6 dünne Scheiben fetter Speck

Füllung:

200 g Rosinen

¼ l Portwein

24 Backpflaumen

¼ l schwarzer Tee

30 g Butter

500 g Brät von rohen Bratwürsten

1 Putenleber

1 Teelöffel getrockneter Thymian

Salz, Pfeffer

Für die Füllung die Rosinen in Portwein legen und 5 bis 6 Stunden ziehen lassen. Die Backpflaumen in schwarzem Tee 10 Minuten kochen, abgießen, etwas abkühlen lassen und entsteinen. Die Putenleber fein hacken. Das Brät in einer Pfanne mit etwas heißer Butter kurz anbraten. Die Rosinen, die Pflaumen, die Leber und den Thymian dazugeben, sparsam salzen (das Brät ist schon gewürzt) und gut vermischen.

Den Puter innen und außen waschen, trocken tupfen und mit dem Brät füllen. Mit Salz und Pfeffer einreiben, die Brust mit den Speckstreifen bedecken. Die restliche Butter in einem Pfännchen zerlassen. Den Puter mit Küchengarn binden, mit der Brustseite nach oben in einen Bräter legen und mit der zerlassenen Butter übergießen. In den Backofen schieben und bei 180 Grad etwa 2,5 bis 3 Stunden braten. Den Puter alle 15 Minuten mit einer Kelle Bratflüssigkeit begießen und hin und wieder mit einem Löffel Wasser befeuchten. Ob das Fleisch gar ist, überprüfen Sie am besten mit einer Spicknadel, die Sie in die dickste Stelle der Keule pieksen: tritt klarer Saft heraus ist der Puter gar.

Am besten schmeckt er mit den klassischen Beilagen Rotkohl und Knödel.

Kaninchen mit italienischen Kräutern

Andreas Wielens, Geflügel, Eier, Lamm

Für vier Personen:

- 300 g kleine Schalotten
- 8 Knoblauchzehen
- 400 g dicke Möhren
- 200 g Staudensellerie
- 1 küchenfertiges Kaninchen, etwa 1,5 kg
- 1 Rosmarinzweig
- 1 kleiner Lorbeerzweig
- 12 Esslöffel Olivenöl
- 500 ml trockener Weißwein
- 350 g Tomaten
- je 2 Basilikum- Petersilien-, Thymian- und Salbeizweige
- Salz, Pfeffer

Den Backofen auf 180 Grad vorheizen.

Die Schalotten und die Knoblauchzehen pellen. Die Möhren und den Sellerie putzen, waschen, die Möhren einmal längs halbieren und beide Gemüse schräg in 7 bis 8 cm lange Stücke schneiden. Die Kaninchen in Keulen, Rücken und Vorderläufe zerlegen, Leber und Nieren heraustrennen und beiseite stellen (oder vom Händler zerlegen lassen, Leber und Nieren mitnehmen). Vorderläufe und Keulen salzen und pfeffern und in einen Bräter legen. Möhren- und Selleriestreifen, Knoblauch und Schalotten, Rosmarin und Lorbeer mit 9 Esslöffeln Olivenöl und dem Weißwein dazugeben. Im vorgeheizten Backofen auf der zweiten Einschubleiste von unten garen; dabei öfter mit dem Schmorfond beträufeln. Nach 45 Minuten den mit Salz und Pfeffer gewürzten Kaninchenrücken in den Bräter dazulegen.

In der Zwischenzeit die Tomaten halbieren. Die Kräuterblättchen von den Stängeln zupfen, fein hacken und mit dem restlichen Öl mischen. Nach weiteren 10 Minuten die Tomaten salzen und mit der Leber und den Nieren ebenfalls in den Bräter geben. Die Kräuter-Ölmischung darüber verteilen und in 5 Minuten fertig braten. Die Kaninchenteile auf einer Platte anrichten und mit der Sauce übergießen.

Als Beilage reicht ein gutes italienisches Weißbrot.

In der Casa Cortilla unterscheidet man zwei Arten von Kunden: Die Antipasti- und die Pasta-Typen. Beide stehen zur Mittagszeit Schlange vor dem Wagen der Familie Pecoraro. Seit 1998 verkaufen Calogera, Catiana und Domenico frische toskanische Spezialitäten – und der Appetit kommt schon beim Blick in die Auslage. Während die Vorspeisen-Typen eher auf Wildschweinschinken, Frittata oder eingelegte Steinpilze setzen, haben die Nudel-Typen die Wahl zwischen Tortiglioni mit Artischocken-Trüffelcreme oder Penne mit Paprika und Sardellen. Nachtisch-Typen werden übrigens selten gesichtet. Catiana Pecoraro vermutet, dass dafür die Mittagspause meist nicht reicht. Die köstliche Crostata di pere (Birnenkuchen) gibt's deshalb nur im Catering-Angebot.

Coniglio in Agro dolce: Kaninchen süß-sauer

Calogera Pecoraro, Casa Cortilla

Für vier Personen:

1 küchenfertiges Kaninchen, circa 1,5 kg
400 ml Rotwein
2 Zwiebeln
2 Knoblauchzehen
1 Bund Petersilie
1 Zweig Thymian
1 Lorbeerblatt
1 Teelöffel Pfefferkörner
200 ml Fleischbrühe
3 Esslöffel Zucker
100 ml Weißweinessig
4 Esslöffel Sultaninen
4 Esslöffel Pinienkerne
3 Esslöffel Olivenöl
Salz, Pfeffer

Das Kaninchen in 8 Teile zerlegen, Sie können auch den Händler bitten, Ihnen diese Arbeit abzunehmen. 1 Zwiebel schälen und grob würfeln, die Knoblauchzehen pellen, die Petersilie waschen und die Blättchen grob hacken, den Thymian abzupfen. Alles mit dem Rotwein, dem Lorbeerblatt und den Pfefferkörnern in einen Topf geben und aufkochen lassen. Danach vom Herd nehmen und abkühlen lassen. Die Kaninchenstücke mit der Marinade begießen und an einem kühlen Ort mindestens 4 Stunden ziehen lassen. Das Fleisch anschließend aus der Marinade nehmen und mit Öl beträufeln. Die zweite Zwiebel schälen, fein würfeln und in Öl andünsten. Das Fleisch dazugeben und von allen Seiten anbraten. Die Marinade durch ein Sieb dazugießen und alles etwa 20 Minuten köcheln lassen. Sobald die Flüssigkeit verdampft ist, mit Salz und Pfeffer würzen und eine Tasse Brühe angießen. Weitere 20 Minuten schmoren lassen, bis das Fleisch weich und die Brühe eingekocht ist.

In der Zwischenzeit die Pinienkerne ohne Fett in einer Pfanne goldbraun rösten.

In einer Kasserolle bei milder Hitze den Zucker in einem Esslöffel Wasser auflösen, den Essig und die Sultaninen dazugeben und das Ganze ein paar Minuten köcheln lassen. Dann zum Fleisch geben und vorsichtig unter die Sauce rühren. Zuletzt die Pinienkerne untermischen.

Tafel
Getränke
1,50 + 0,25 Pfand
1,50 + 0,25 Pfand
1,50 + 0,25 Pfand
1,75 + 0,25 Pfand
1,50 + 0,25 Pfand
1,50 + 0,25 Pfand
1,50 €
2,00 €
2,00 €
1,80 €
2,00 €
1,10 €

Rehfilet butterzart

Für vier Personen:

600 g Rehfilet
Salz
schwarze Pfefferkörner
Wacholderbeeren
etwa 250 g Butter, eventuell mehr

Den Backofen auf 180 Grad vorheizen.

Die Butter in einer kleinen Kasserolle zerlassen. Das Filet salzen. Pfefferkörner und Wacholderbeeren im Mörser zerstoßen und das Filet darin wälzen.

Das Fleisch in einen kleinen Bräter oder eine feuerfeste Form legen, die gerade groß genug für das Fleisch ist. Die geschmolzene Butter darübergießen, sie soll das Fleisch ganz bedecken, und im Backofen 20 Minuten garen. Das Fleisch aus der Butter heben – sie hat ihren Dienst getan und wird nun nicht mehr gebraucht – und aufschneiden.

Dazu passt das Birnengratin mit Feuille du Limousin.

Birnengratin mit Feuille du Limousin

Manfred Wionczeck, Käsespezialitäten

Für vier Personen:

4 reife, feste Birnen
150 g Feuille du Limousin
30 g Butter
25 ml dickflüssige Crème fraîche
60 g frisch geriebene Semmelbrösel
Salz, Pfeffer

Den Backofen auf 210 Grad vorheizen.

Die Birnen schälen, halbieren, das Kerngehäuse entfernen und jede Birnenhälfte längs in feine Streifen schneiden. Den Feuille du Limousin in dünne, gleichmäßige Scheiben schneiden. Eine feuerfeste Gratinform einfetten und die Birnen- und Käsestreifen dachziegelartig darin anordnen. Die Crème fraîche leicht salzen und pfeffern und auf den Birnen-Käse-Streifen verteilen. Die Semmelbrösel gleichmäßig über die Crème fraîche streuen. Die restliche Butter in kleinen Flöckchen darüber geben und im vorgeheizten Backofen 20 Minuten überbacken und noch heiß servieren.

80

Im Chapterhouse der Kathedrale von Salisbury konnte Peter Brollik vor Jahren einen Blick in die Originalkopie der berühmten Magna Carta von 1215 werfen. Er staunte nicht schlecht, als er dort einen kleinen Passus fand, in dem Weinpanschern mit drakonischen Strafen gedroht wurde, zum Beispiel „Ersäufen in einem löchrigen Fass, das in einen Fluss geworfen wird". Mit derlei Konsequenzen muss der Inhaber der Marktweinhandlung bestimmt nicht rechnen. Seine Weine sind allesamt „bio" und von bester Qualität. Und weil die „aufgeschlossenen Leute mit kulinarischer Neugier", die Brollik ansprechen will, ihrerseits auf die gute Behandlung der Weine achten, müssen die Flaschen gut temperiert gelagert werden. Deshalb bewirtschaftet Brollik eines von inzwischen drei fest installierten Häuschen – ein Novum, zu dem sich die Marktgemeinschaft erst im Jahr 2007 durchgerungen hat. Das Sortiment der Marktweinhandlung umfasst ungefähr 200 Weine und alle erfüllen anspruchsvolle Kriterien: Sie stammen von standortgerechten Rebsorten, die keine chemische Keule brauchen; sie wachsen auf gesunden Böden; die Trauben werden nach der Lese in kleinen Behältern transportiert und beim Keltern spielen Hilfsmittel wie Enzyme, Säuren oder Süßreserven keine Rolle. Die Produktion setzt auf Nachhaltigkeit und die hat ihren Preis. Dafür kaufen die Kunden der Marktweinhandlung einen Wein, der Zeit hatte, seine Anlagen harmonisch zu entwickeln. Und sie wissen auch, dass man das „nicht für 3.99 erwarten kann". Einen anständigen Tafelwein aber gibt es auch hier für unter zehn Euro.

Rehragout mit Apfelgratin »Wolfram S.« für Festtage

Peter Brollik, Markt-Weinhandlung

Für vier Personen:

etwa 1,5 kg Rehkeule
Pflanzenöl
1 Lauchstange
1 Zwiebel
1 Karotte
1 Stück Sellerie
1 Knoblauchzehe
1 Esslöffel Tomatenmark
1 Lorbeerblatt
1 Thymianzweig
50 g geräucherter Schinken
8–10 Wacholderbeeren
8–10 schwarze Pfefferkörner
350 ml Rotwein, am besten Spätburgunder
1 Esslöffel Rotweinessig
1 Teelöffel scharfer Löwen- oder Dijonsenf
1 Teelöffel Preiselbeerkompott
1 Schuss Madeira
250 g Butter, davon 150 g in eiskalten Stückchen
Salz, Pfeffer

Gratin:

4 Äpfel, am besten Boskop
1 Zitrone
250 ml Crème fraîche
250 ml Sahne
1 Prise Zucker
Butter für die Form

Achtung: das Fleisch und der Saucenfond müssen bereits am Vortag vorbereitet werden.

1. Tag
Die Rehkeule beim Metzger entbeinen lassen, die zerkleinerten Knochen und Fleischreste mitgeben lassen. Das Fleisch zuhause akribisch von allen Häuten und Sehnen befreien und in 3 cm große Würfel schneiden. Kleinere Endstücke zu den Knochen und Fleischresten geben. Die Fleischwürfel mit Pflanzenöl einreiben und in einem großen Topf oder einer Kasserolle mit Folie abgedeckt über Nacht kühl stellen.

Das Gemüse putzen und waschen. Das Weiße und Hellgrüne vom Lauch und die Karotte in Scheiben, die Zwiebel und den Sellerie in Würfel schneiden. In einem Bräter etwas Öl erhitzen und alle Knochen und Fleischreste darin kräftig anbraten, aufpassen, dass sie nicht anbrennen. Das Gemüse, den durch eine Knoblauchpresse gedrückten Knoblauch und das Tomatenmark dazugeben und anrösten. Den Schinken in grobe Stücke zerrupfen und ebenfalls zugeben. Das Lorbeerblatt, den Thymianzweig und die Wacholder- und Pfefferkörner hinzugeben. Alles leicht salzen und mit 250 ml Rotwein ablöschen. Mit Wasser auffüllen, bis alles bedeckt ist, und zugedeckt etwa 5 Stunden leise köcheln lassen. Anschließend den Inhalt durch ein Sieb in einen anderen Topf passieren und dabei das Gemüse gut ausdrücken. Die Flüssigkeit bei großer Hitze etwa auf die Hälfte einkochen lassen, anschließend in ein sauberes Gefäß umfüllen und in den Kühlschrank stellen.

2. Tag
Den Fond, der jetzt geleeartig glibberig ist, entfetten. Den Fond wieder erwärmen, die restlichen 100 ml Rotwein dazugeben, aufkochen und weiter reduzieren. 1 Esslöffel Rotweinessig, 1 Teelöffel scharfen Senf, Salz, Pfeffer, 1 Teelöffel Preiselbeerkompott und den Madeira dazugeben und wieder reduzieren. Etwa 150 g eiskalte Butterstückchen einmontieren, damit die

Weiter auf Seite 172

Fortsetzung von Seite 171

Sauce sämig wird, aber nicht mehr kochen lassen. Nochmals abschmecken und warm stellen.
Den Backofen auf 170 Grad vorheizen.

Für das Gratin die Äpfel schälen, die Kerngehäuse ausstechen und in 3 mm dünne Ringe schneiden. Eine ofenfeste Form mit Butter einreiben und die Apfelringe in zwei Lagen rosettenförmig hineinlegen. Die Zitrone auspressen und den Saft über die Äpfel träufeln, die Sahne und die Crème fraîche mit einer Prise Zucker verrühren und so viel darüber gießen, bis die Apfelscheiben fast ganz bedeckt sind. Im heißen Backofen etwa 25 Minuten backen, bis die Oberfläche goldgelb ist.

Währenddessen die Fleischwürfel portionsweise in einer Pfanne in heißer Butter bei milder Hitze anbraten, sodass sie innen noch rosa sind. Jedes Stück sorgsam von allen Seiten braten, nach 4 bis 5 Minuten herausnehmen, ganz leicht salzen und in einer Schüssel im Ofen warm stellen, bis alle Stücke gebraten sind.

Auf vorgewärmten Tellern einige Ragoutstücke mit der Sauce und dem lauwarmen Gratin anrichten.

Das Gericht war vor vielen Jahren Bestandteil des Weihnachtsmenus von Wolfram Siebeck in der ZEIT. Seitdem hat es die Familie von Peter Brollik quasi adoptiert und bringt es jede Weihnachten auf den Tisch. Übriggebliebene Sauce schmeckt auch am nächsten Tag, etwa mit breiten Nudeln, noch hervorragend.

Zum Festtagsmahl gehört natürlich ein Festtagstropfen: Herr Brollik empfiehlt einen Secundus 2005 oder einen großen Pinot Noir.

Ahr
2007
trocken
CHARDONNAY
Sachsen
WEINGUT STADT LAHR
INH. FAMILIE WÖHRLE
2007
WEISSBURGUNDER
SPÄTLESE TROCKEN
BADEN

mag ich

Fisch

NATÜRLICH
ZAHL' ICH.

Feine Fischsuppe mit Rouille

Für vier Personen:

Rouille:

150 g festkochende Kartoffeln
1 g Safranfäden
140 ml Pflanzenöl
1 Ei
1 Knoblauchzehe
2 Esslöffel Olivenöl
1 Teelöffel Piment d'Espelette
1 Teelöffel Zitronensaft

Suppe:

2 Karotten
1 kleine Stange Lauch
150 g Fenchel mit Grün
3 Esslöffel Olivenöl
800 ml Fischfond
100 ml Weißwein
6 Safranfäden
300 g Lachsfilet
300 g Seeteufel
300 g geschälte Garnelen
Salz, Pfeffer, Zitronensaft

Für die Rouille die Kartoffeln schälen, je nach Größe halbieren oder vierteln, und mit den Safranfäden in Salzwasser in etwa 20 Minuten gar kochen. Abgießen und durch die Kartoffelpresse drücken. Pflanzenöl, Ei, 1 Prise Salz und die durchgepresste Knoblauchzehe in einen schmalen, hohen Rührbecher geben. Mit dem Schneidstab zu einer Mayonnaise mixen. Dafür den Schneidstab im Becher unten aufsetzen, einschalten und langsam hochziehen. Die Mayonnaise in eine Schüssel umfüllen, den Kartoffelschnee, das Olivenöl, den Piment d'Espelette und den Zitronensaft dazugeben und alles glatt rühren.

Für die Fischsuppe das Gemüse putzen. Die Karotte in sehr dünne Scheiben, das Weiße und Hellgrüne vom Lauch in feine Ringe, den Fenchel halbieren und quer in dünne Scheiben schneiden. Das Olivenöl in einem Topf erhitzen und das Gemüse darin andünsten. Den Fischfond, den Weißwein und die Safranfäden zugeben und etwa 30 Minuten köcheln lassen. In der Zwischenzeit den Lachs und die Seeteufel waschen, mit Küchenpapier trocken tupfen und in etwa 3 cm große Würfel schneiden. Die Suppe von der Flamme nehmen, mit Salz, Pfeffer und Zitronensaft abschmecken. Die Fischwürfel und die Garnelen dazugeben und etwa 4 Minuten gar ziehen lassen.

Auf vorgewärmten Suppentellern servieren und mit etwas Fenchelgrün bestreuen.

Die Rouille und geröstetes Weißbrot auf den Tisch stellen, die Brotscheiben mit der Rouille bestreichen. In Frankreich legt man das Brot gerne in die Suppe, lässt es kurz durchziehen und löffelt es dann aus der Suppe.

Piment d'Espelette ist ein Chili aus dem kleinen Dorf Espelette im französischen Baskenland. Seinem hervorragenden Geschmack verdankt er das AOC-Zeichen für kontrollierte Qualität. Er ist mäßig scharf mit einer fruchtigen Süße und hat einen umwerfend aromatischen Duft.

Zanderfilet in Weißwein pochiert

Peter Brollik, Markt-Weinhandlung

Für vier Personen:

4 Karotten

1 kleine Sellerieknolle

1 Lauchstange

1 Lorbeerblatt

4 Wacholderbeeren

1 Teelöffel schwarze Pfefferkörner

200 ml Grauburgunder oder Chardonnay Spätlese

200 ml Wasser

4 kleine Zanderfilets ohne Haut

Zitronensaft

2 Esslöffel gehackter Schnittlauch

Salz

Karotten, Sellerie und Lauch putzen, waschen und in streichholzdünne Stifte schneiden, vom Lauch nur die weißen Teile nehmen. Das Lorbeerblatt, die Pfefferkörner und die Wacholderbeeren in einen Einwegteebeutel stecken und zubinden, mit dem Wein und dem Wasser in einem großen Topf einmal aufkochen lassen. Die Gemüsestifte dazugeben, leicht salzen und den Deckel auflegen. Nach etwa 5 Minuten die Fischfilets hinzu geben und sanft gar ziehen. Das dauert je nach Größe der Filets 4 bis 5 Minuten. Die Fischfilets aus dem Topf nehmen, auf vorgewärmte, große Suppenteller legen und mit Zitronensaft beträufeln. Den Gewürzbeutel aus der Brühe entfernen, die Gemüsestifte auf die Teller verteilen und etwas heißen Fond darüber geben. Mit Schnittlauchröllchen bestreuen.

Zander gehört zu den Fischsorten, die WWF und Greenpeace als unbedenklich auflisten, weil sie nicht überfischt sind. Der Wein zum Zander sollte intensiv und extraktreich sein, aber ohne Barrique-Note. Peter Brollik von der Markt-Weinhandlung empfiehlt deshalb einen Wein aus dem Stahltank, etwa einen Chardonnay Klassik 2007 aus dem Weingut Schönberger im Burgenland oder eine Grauburgunder Spätlese 2008 aus dem Weingut Stadt Lahr in Baden – und für die Experimentierfreudigen: Padar 2006, ein Chardonnay-Sauvignon-Viognier von der Fattoria Lavacchio in der Toskana.

Kross gebratener Zander mit Rucola-Risotto

Frank Petzchen

Für vier Personen:

4 Zander à 200 g

etwas Mehl

Olivenöl

20 g Butter

Risotto:

600 ml Hühner- oder Gemüsefond

1 Bund Knoblauchrauke

1 Zwiebel

2 Esslöffel Butter

200 g Risotto-Reis

100 ml trockener Weißwein

30 g Parmesan

2 Esslöffel Sahne

1 Esslöffel Butter

Salz, Pfeffer

Den Hühnerfond zum Köcheln bringen. In der Zwischenzeit die Rauke waschen, trocken schleudern, einige Blätter für die Dekoration beiseite legen, den Rest grob hacken. Die Zwiebel schälen und fein würfeln. In einem Topf die Butter zerlassen und die Zwiebel darin glasig andünsten. Den Reis zugeben und anschwitzen. Mit dem Weißwein ablöschen.

Wenn die Flüssigkeit verkocht ist, immer wieder Fond mit einer Schöpfkelle nachgießen und bei mittlerer Hitze unter gelegentlichem Rühren einkochen lassen. Den Parmesan reiben. Ist das Risotto nach etwa 20 Minuten gar, den Topf vom Herd nehmen. Die Rauke, die Butter, die Sahne und den Parmesan unterheben und mit Salz und Pfeffer abschmecken.

In der Zwischenzeit die Zanderfilets mit Salz und Pfeffer würzen und mit Mehl bestäuben. In einer Grillpfanne etwas Olivenöl erhitzen und die Zanderfilets auf der Hautseite etwa 3 Minuten kross anbraten. Die Filets wenden, einen Esslöffel Butter in die Pfanne geben und weitere 3 Minuten braten. Auf Tellern anrichten und mit dem Fett aus der Pfanne übergießen.

Das Risotto mit der restlichen Rauke bestreuen und zu den Filets servieren.

Wird Risotto zum Fisch gegessen, schwören Gourmets auf Carnaroli-Reis. Seine schlanken, länglichen Körner schmecken sehr fein und passen gut zum ebenfalls feinen Geschmack der meisten Fische.

PAHLKE
Die
neuen
Matjes
2009
sind
da

Pahlke – dieser Name ist in Düsseldorf das Synonym für Matjes. Nirgendwo gibt es zartere und mildere Salzheringe als hier. Matjes waren das erste Produkt des 60 Jahre alten Traditionsstandes – und sie sind bis heute das wichtigste. Matjes-Liebhaber kommen von weither, um sich den Fisch auf der Zunge zergehen zu lassen. Sogar Vertreter eines Berliner Luxuskaufhauses wollten dem Geheimnis von Pahlkes Matjes schon auf die Spur kommen. Dass der Planktonfresser hier so besonders zart ist, liegt an seiner exzellenten Verarbeitung – und an der über Jahrzehnte gewachsenen, vertrauensvollen Zusammenarbeit mit dem holländischen Hersteller. Eric Fehling, der Nachfolger von Bernhard Pahlke, verrät, dass er den Fisch bis heute vom gleichen Hersteller importiert. Doch nicht nur Matjes-Fans kommen bei Pahlke auf ihre Kosten. In der Auslage liegt zwischen A(al) und Z(ander) fast jeder Fisch auf Eis – für die vielen japanischen Kunden selbstverständlich in Sashimi-Qualität.

Seezunge »Bonne Femme« – *Eric Fehling, Fisch Pahlke*

Für vier Personen:

8 große, weiße Champignons

2 Schalotten

4 frische Seezungen à etwa 800 g, gehäutet, filetiert, pariert, etwas plattiert; die Fischreste, außer der Haut, mitgeben lassen

200 ml Champagner

500 ml Hühnerfond

200 ml süße Sahne

100 g Butter, die Hälfte in eiskalten Stückchen

Butterschmalz

½ Zitrone

150 g gepulte Nordseekrabben

1 Handvoll abgezupfte Kerbelblättchen

Salz, Pfeffer

Die Champignons mit einer Pilzbürste oder einem Tuch säubern, die Stiele herausdrehen, die Köpfe in feine Streifen schneiden und beiseite stellen. Die Stiele fein hacken, die Schalotten schälen und fein würfeln und mit den Seezungegräten in 20 g Butter andünsten. Mit dem Hühnerfond und der Hälfte des Champagners ablöschen, 15 bis 20 Minuten köcheln lassen und anschließend durch ein Sieb passieren. Den Sud in einem Topf auffangen und langsam einkochen lassen. Die Sahne, bis auf zwei Esslöffel, dazugeben und weiter einkochen lassen. Zum Schluss mit den kalten Butterstückchen binden, danach darf die Sauce nicht mehr kochen. Mit Salz, Pfeffer und einem Spritzer Zitronensaft abschmecken und warm stellen.

Die vorbereiteten Champignonstreifen sehr kurz uns sehr heiß in Butterschmalz braten, salzen und pfeffern. Beiseite stellen.

20 g Butter in einer Pfanne zerlassen, die Seezungenfilets von beiden Seiten zugedeckt etwa 3 bis 4 Minuten sanft dünsten, bis sie gar sind. Nach dem Wenden den restlichen Champagner dazugeben. Die Filets herausnehmen und auf Küchenkrepp abtropfen lassen. Den Kochfond sämig einkochen und die Champignonstreifen dazu geben. Noch einmal kurz aufkochen, vom Herd nehmen, die restlichen 2 Esslöffel Sahne steif schlagen und unterheben.

Die Nordseekrabben in der restlichen Butter leicht erwärmen. Die Filets auf einem Bett aus Champignonstreifen anrichten, mit den Nordseekrabben und den Kerbelblättchen bestreuen und mit der Champagnersauce umgießen.

Lengfisch in Tomatensauce

Für vier Personen:

1 Gemüsezwiebel

2 Knoblauchzehen

30 g Zucker

800 g Dosentomaten (geschält)

200 ml Noilly Prat

1–2 Teelöffel Instant-Hühner brühe

3 Nelken

2 Lorbeerblätter

4 Lengfischfilets à 250 g

1 Zitrone

2 Fleischtomaten

50 g Feta

3 Esslöffel frisch gehackter Dill

1 Esslöffel frische Semmelbrösel

Salz, Pfeffer

Die Zwiebel und die Knoblauchzehen schälen und fein würfeln. Den Zucker bei mittlerer Hitze in einem großen Topf karamellisieren. Die Zwiebel- und Knoblauchwürfel zugeben und kurz anbräunen. Die Dosentomaten samt Flüssigkeit, den Noilly Prat, die Instant-Brühe, Nelken und Lorbeerblätter zugeben. Etwa 25 Minuten im offenen Topf kochen. Anschließend die Lorbeerblätter und Nelken herausfischen und die Soße pürieren. Mit Salz und Pfeffer abschmecken.

Die Fischfilets abspülen und trocken tupfen, in eine ofenfeste Form legen und mit dem Saft der Zitrone beträufeln. Die Fleischtomaten in Scheiben schneiden. Den Feta mit den Fingern zerbröseln und mit dem Dill und den Semmelbröseln vermischen. Den Fisch salzen und pfeffern. Die Tomatenscheiben auf die Fischfilets legen, mit den Käsebröseln bestreuen und mit Pfeffer würzen. Die Tomatensoße in die Form gießen und alles im vorgeheizten Ofen bei 175 Grad etwa 30 Minuten backen.

Lengfisch gehört zu der Familie der Dorsche, seine Heimat ist der Nordatlantik. Er enthält nur wenig Fett und kommt fast ausschließlich als Filet in den Handel.

Rotbarben in pikanter Soße

Für vier Personen:

8 mittelgroße, küchenfertige Rotbarben

8 Knoblauchzehen

8 Esslöffel Olivenöl

etwas Mehl

200 ml Fischfond

2 Teelöffel Chilipulver

die Spitzen von 4 Rosmarinzweigen

Die Barben abspülen und mit Küchenpapier trocken tupfen. Die Knoblauchzehen schälen. In einer großen Pfanne 2 Esslöffel Olivenöl erhitzen. Die Fische leicht mit Mehl bestreuen, in das heiße Öl legen und die Knoblauchzehen dazugeben. Die Fische nach 2 Minuten wenden und weitere 2 bis 3 Minuten braten. Aus der Pfanne nehmen und auf einem warmen Teller beiseite stellen.

Das restliche Olivenöl in der Pfanne erhitzen, die Rosmarinspitzen hinzugeben, mit dem Fischfond ablöschen und bis zur Hälfte einkochen lassen. Das Chilipulver dazugeben und unterrühren. Die Sauce durch ein Sieb gießen.

Die Fische auf vier Tellern anrichten, mit dem Knoblauch und den Rosmarinspitzen garnieren, mit der Sauce übergießen und sofort servieren.

Steinbeißer mit Tomatenrisotto

Für vier Personen:

800 g Steinbeißerfilet

½ Teelöffel Fenchelblüte, ersatzweise 10 im Mörser zerstoßene Fenchelsamen

abgeriebene Schale einer Zitrone

350 g Risotto-Reis, am besten Carnaroli

1 mittelgroße rote Zwiebel

1 Selleriestange

2 cl Wodka

600 ml Fischbrühe

4 große Flaschentomaten

3 Esslöffel gehacktes Basilikum

3 Esslöffel gehackte Petersilie

2 Esslöffel Butter

4 Esslöffel Olivenöl

Salz und Pfeffer

Meersalz

Das Filet waschen, abtrocknen und in vier Portionen teilen.

Die Tomaten häuten, achteln und die Kerne entfernen. Sellerie und Zwiebel sehr fein würfeln und in 2 Esslöffel Olivenöl und 1 Esslöffel Butter in einer hohen Pfanne anschwitzen, bis sie Farbe annehmen. Den Reis dazugeben und rühren, bis er glasig ist. Mit dem Wodka ablöschen, salzen und pfeffern – immer schön weiterrühren. Wenn die Flüssigkeit verdampft ist, die Tomaten dazugeben, ständig Brühe angießen und rühren. Nach 15, maximal 20 Minuten ist das Risotto al dente. Um sicherzugehen, einfach öfter probieren. Dann von der Flamme nehmen, die restliche Butter und die Hälfte der gehackten Kräuter unterziehen. Abgedeckt einige Minuten ruhen lassen.

2 Esslöffel Olivenöl in einer Pfanne erwärmen, die Steinbeißerfilets von jeder Seite 3 Minuten anbraten. Nach dem Wenden mit Meersalz, abgeriebener Zitronenschale und Fenchel bestreuen.

Die Filets mit dem Risotto anrichten und mit Basilikum und Petersilie bestreuen.

Doradenfilets mit Safran

Für vier Personen:

8 Doradenfilets mit Haut
1 g Safranfäden
1 Esslöffel Fleur de Sel
abgeriebene Schale 1 Zitrone
6 Esslöffel Olivenöl

Den Backofen auf 200 Grad erhitzen. Die Safranfäden mit dem Fleur de Sel im Mörser zerreiben. Die Fischfilets waschen und trocken tupfen. Die Hälfte des Olivenöls in einer feuerfesten, flachen Form verteilen, die Filets sollten nebeneinander liegen können. Falls nicht Dekorativeres zur Hand ist, kann man auch ein Backblech nehmen. Die Filets mit der Hautseite nach unten legen, mit Safransalz und der abgeriebenen Zitronenschale bestreuen. Mit dem restlichen Olivenöl beträufeln. 5 Minuten auf der obersten Schiene des Ofens braten und auf die Teller geben.

Köstlich passt dazu das Spargelrisotto von Seite 85.

Seelachs mit Roter Bete

Für zwei Personen:

2 Seelachsfilets à 180 g
1 Schalotte
200 g Rote Bete
5 cm frische Meerrettichstange
2 cl Sojasauce
4 Esslöffel Crème légère
Saft von ½ Zitrone
10 Halme Schnittlauch
2 Esslöffel Olivenöl
2 Esslöffel Butter
Mehl
150 ml Wasser
Salz, Pfeffer

Die Rote Bete schälen und in 2 mm feine Scheiben schneiden. Die Schalotte fein hacken, den Schnittlauch in Röllchen schneiden. Den Meerrettich fein raspeln, mit etwas Zitronensaft beträufeln, damit er nicht dunkel anläuft, und mit der Crème légère verrühren.

In einer beschichteten Pfanne die Schalotte im Olivenöl anbräunen, die Rote-Bete-Scheiben dazugeben und bei schwacher Hitze 5 Minuten braten. Ab und zu umrühren. Mit der Sojasauce ablöschen und die Hälfte des Wassers dazugeben. Mit einem Deckel abdecken und 15 Minuten leise köcheln, dabei immer wieder etwas Wasser nachgießen, damit das Gemüse nicht austrocknet.

Die Seelachsfilets waschen, abtrocknen, salzen, pfeffern und im Mehl wenden.

Die Butter in einer zweiten Pfanne schmelzen; wenn sie anfängt braun zu werden, die Filets einlegen und auf jeder Seite 3 Minuten braten.

Die Meerrettichcreme auf die Rote Bete tupfen, die Pfanne vom Feuer ziehen, abdecken und kurz ruhen lassen.

Die Filets mit der Roten Bete anrichten und mit den Schnittlauchröllchen bestreuen.

Steinbutt für Puristen

Für sechs Personen:

1 Steinbutt,
circa 2 Kilo schwer

150 g Butter

Fleur de Sel

Den Backofen auf 200 Grad vorheizen.

Den Steinbutt waschen und abtrocknen. Die Butter in einem kleinen Topf schmelzen. 1/3 davon auf einem großen, tiefen Backblech verteilen, der Fisch muss ganz darauf passen. Den Steinbutt mit dem Bauch nach unten auf das Blech legen und mit der restlichen Butter begießen. 30 bis 35 Minuten im Backofen braten. Um zu probieren, ob er gar ist, zieht man an der Rückenflosse, wenn sie sich leicht lösen lässt, ist er fertig.

Den Fisch tranchiert man am besten direkt am Tisch und stellt das Fleur de Sel dazu, damit sich jeder selbst bedienen kann.

Auf diese Weise zubereitet, bleibt der Fisch wunderbar saftig. Der Verzicht auf Gewürze lässt seinen Eigengeschmack voll zur Geltung kommen. Dieses einfache Rezept gelingt aber nur mit einem absolut frischen Steinbutt, den man beim Fischhändler vorbestellt.

Fisch ist ein wichtiger Lieferant von leicht verdaulichem Eiweiß – ein- bis zweimal in der Woche sollte er auf den Speiseplan. Die Kunden, die nicht selber kochen wollen (oder können), versorgen sich bei Wolfgang Obst mit dem nötigen Protein. Denn er verkauft nicht nur Frischfisch (auf unserem Foto präsentiert er einen Wolfsbarsch), er betreibt auch ein Imbissgeschäft; besonders beliebt ist der Backfisch in hausgemachtem Bierteig, aber auch Schollen- und Seelachsfilets und verschiedene Fischsalate stehen auf der Speisekarte. Neben dem klassischen Krabbensalat gibt es Shrimps-, Herings- oder Algensalat in abwechslungsreicher Zubereitung.

Pangasius aus dem Wok mit Chili und Cashewkernen

Fischhaus Wolfgang Obst

Für vier Personen:

800 g Pangasiusfilet

je ½ rote und orangefarbene Paprikaschote

1 Bund Lauchzwiebeln

50 g geröstete Cashewkerne

1–2 rote Chilischoten

2 Knoblauchzehen

3 Esslöffel Zucker

6 Esslöffel Sojasauce

50 ml Erdnussöl

Das Pangasiusfilet waschen, trocken tupfen und in 2 cm breite Streifen schneiden. Die Paprikaschoten und die Lauchzwiebeln putzen und in feine Streifen bzw. Ringe schneiden. Die Nüsse grob hacken. Die Chilischoten entkernen und in sehr feine Streifen schneiden. Den Knoblauch schälen und fein hacken, mit der Sojasauce und dem Zucker in einer Schüssel mischen und so lange rühren, bis sich der Zucker aufgelöst hat. Das Öl im Wok erhitzen, den Fisch kurz unter Rühren anbraten, herausnehmen und das Öl bis auf etwa 1 Esslöffel abgießen. Die Lauchzwiebeln und die Paprikastreifen bei großer Hitze 2 Minuten anbraten, die Chilistreifen und die Sojasaucen-Mischung dazu geben und nochmals 2 Minuten kochen lassen.

Die Cashewkerne unterheben und mit Basmati-Reis servieren. Wer mag, kann zum Schluss 200 g geschälte Garnelen unterheben und kurz gar ziehen lassen.

Der Pangasius lebt im Mekong-Delta in Vietnam. In bester Qualität hat er schneeweißes Fleisch, ist saftig und fast grätenfrei. Im Handel gibt es ihn als ganzen Fisch und als Filet. Wenn Sie keinen Pangasius bekommen, können Sie auch Tilapia oder Seelachs verwenden

Fischsuppe
Port. 4,95
mit 1 gl Wein
6,75
FISCHHAUS
CARLSPLATZ

Thunfisch Japonaise

Für zwei Personen:

2 circa 2 cm dicke Thunfischfilets à 220 g möglichst gleichmäßig geschnitten

150 g Cocktailtomaten

100 g japanische Streichholzpilze

10 g Ingwer

1 Knoblauchzehe

3 Schalotten

4 Esslöffel helle Sojasauce

Saft ½ Zitrone

2 Esslöffel Kresse

4 Esslöffel Sesamöl

Meersalz, Pfeffer

Alufolie

Den Backofen auf 80 Grad vorheizen. Die Thunfischfilets waschen, gut abtrocknen. Die Kresse waschen und trocken tupfen. Die Tomaten halbieren, von den Pilzen großzügig die torfigen Enden abschneiden.

Ingwer, Schalotten und Knoblauch schälen, fein hacken und in einer Pfanne in 2 Esslöffel Öl 3 Minuten anbraten. Die Pilze dazugeben und weitere 2 Minuten anbraten. Die halbierten Cocktailtomaten 2 bis 3 Minuten mit braten – die Schale soll sich gerade runzeln. Den Zitronensaft und die Sojasauce dazugeben und mit Salz und Pfeffer abschmecken.

Währenddessen 2 Esslöffel Öl in einer Grillpfanne erhitzen – darauf achten, dass die Rillen gut eingefettet sind. Die Pfanne stark erhitzen und die Thunfischfilets von jeder Seite 1 ½ Minuten anbraten. In Alufolie wickeln und 4 Minuten im Backofen ruhen lassen. Die Filets sind dann innen noch rosa.

Den Thunfisch auf die Teller geben, mit der Pilzsauce überziehen und mit der Kresse bestreuen. Dazu passt Basmati- oder Duftreis.

Thunfisch und Jakobsmuschel auf Kartoffel-Lauch-Stroh

Frank Petzchen

Für vier Personen:

600 g frischer Thunfisch am Stück

Salz, Pfeffer

1 Limone

4 ausgelöste Jakobsmuscheln mit Corail

Butter und Olivenöl zum Braten

2 große Kartoffeln à 200 g

2 Stangen Lauch

Kartoffelstärke zum mehlieren

10 g Zucker

10 ml Teryakisauce aus dem Asialaden

10 ml Balsamico-Essig

400 g Fett zum Frittieren

Den Thunfisch in vier gleich große Steaks schneiden. Die Limone auspressen. Thunfisch und Jakobsmuscheln mit Salz, Pfeffer und dem Limonensaft marinieren. Die Kartoffeln schälen, waschen und in streichholzdünne Streifen schneiden. Den Lauch waschen und die weißen und hellgrünen Teile ebenfalls streichholzdünn schneiden.

In einer Pfanne etwas Olivenöl und Butter erhitzen. Die Thunfischsteaks und das Muschelfleisch in Kartoffelstärke wenden und in die heiße Pfanne geben. Von jeder Seite 2 Minuten braten, aus der Pfanne nehmen und im Backofen warm stellen. In der Pfanne den Zucker karamellisieren lassen und mit der Teryakisauce und dem Balsamico-Essig ablöschen, die Pfanne vom Herd ziehen.

In einem hohen Topf das Frittierfett auf etwa 160 Grad erhitzen, die Kartoffelstreifen und den Porree nacheinander knusprig frittieren. Auf Küchenkrepp abtropfen lassen und mit etwas Salz würzen.

Die Thunfischsteaks und das Muschelfleisch auf dem Kartoffel-Lauch-Stroh anrichten und mit der Sauce übergießen.

Thunfisch und Jakobsmuscheln dürfen nur ganz kurz gebraten werden. Brät man sie durch, schmecken sie unangenehm trocken und strohig. Der Thunfisch sollte innen noch rosa, die Jakobsmuscheln leicht glasig sein.

Miesmuscheln mit schwarzer Senfsaat

Für zwei Personen:

- 1 kg Miesmuscheln
- 1 Esslöffel schwarze Senfsaat
- 2 mittelgroße Karotten
- 3 Stangen Staudensellerie
- 1 mittelgroße Zwiebel
- 3 Lorbeerblätter
- ¼ l Weißwein
- 2 Esslöffel Petersilie
- 2 Esslöffel Dill
- 2 Esslöffel Rapsöl
- Salz, Pfeffer

Die Muscheln waschen und säubern, die offenen aussortieren. Karotten und Zwiebeln schälen, Sellerie waschen und entfädeln. Die Karotten in feine, 4 cm lange Streifen, die Selleriestangen in sehr kleine Würfel, die Zwiebel in sehr feine Ringe schneiden.

Rapsöl in einem großen Topf bei mittlerer Temperatur erhitzen, die Senfsaat anrösten, bis sie springt. Abdecken, damit nichts raushüpft. Das Gemüse und die grob zerteilten Lorbeerblätter dazugeben und 7 Minuten köcheln lassen, mit Salz und Pfeffer abschmecken. Vorsichtig die Muscheln unterheben. Nach 1 Minute den Weißwein angießen. Mit geschlossenem Deckel 10 Minuten leise kochen.

Dill und Petersilie fein hacken, über die Muscheln streuen. Mit Weißbrot servieren.

Cataplana – Venusmuscheln mit marinierter Schweinelende

Für vier Personen:

1 kg Venusmuscheln

500 g Schweinelende

1 Handvoll Korianderblättchen

5 Knoblauchzehen

1 g Safranfäden

2 frische, rote Chilischoten

abgeriebene Schale von ½ Zitrone

⅛ l trockener Weißwein

¼ l Hühnerbrühe

1 Selleriestange

4 Esslöffel Olivenöl

schwarzer Pfeffer

Salz

Die Schweinelende waschen, abtrocknen und in 1,5 cm große Würfel schneiden.

Die Koblauchzehen schälen und klein würfeln. Die Chilis waschen, halbieren, die Kerne entfernen und in feine Stücke schneiden. Die Korianderblättchen waschen, die Hälfte davon hacken, den Rest beiseite stellen. Die Zitronenschale abreiben.

Knoblauch, Chili, Koriander, Safran, Zitronenschale, Weißwein und Brühe mit einem Esslöffel Öl verrühren, das Fleisch dazugeben und mindestens 4 Stunden gekühlt marinieren.

Die Selleriestange in sehr feine Streifen schneiden. Die Muscheln unter fließendem Wasser abbürsten, offene Schalen aussortieren.

Das Schweinefleisch aus der Marinade fischen und abtrocknen. In einem Wok Öl erhitzen und das Fleisch portionsweise unter Rühren 2 Minuten anbraten und herausnehmen. Zum Schluss die Selleriestreifen anbraten, die Muscheln und die Marinade hinzugeben und abdecken. Bei mittlerer Hitze 5 Minuten köcheln, bis sich die Muscheln öffnen. Das Fleisch dazugeben und nochmals 5 Minuten ohne Deckel kochen lassen.

Mit Salz und Pfeffer abschmecken, mit dem restlichen Koriander bestreuen und servieren.

Die „Cataplana" ist der portugiesische Kupfer- oder Eisentopf mit dicht schließendem Deckel, in dem das traditionelle Gericht aus Muscheln und Schweinefleisch zubereitet wird. Besonders an den portugiesischen Küsten war sie lange Zeit das Haupt-Kochgeschirr und wird heute immer noch zum schonenden Dünsten von Fisch- und Muschelgerichten verwendet.

Krake auf Fenchel

Für vier Personen:

- 1 Krake, circa 1 kg schwer
- 1,5 l Fischfond
- 2 Fenchelknollen à 200 g
- 1 Teelöffel Fenchelsamen
- 1 Chilischote
- 2 Esslöffel gehackter Dill
- 2 Esslöffel gehackte Petersilie
- 2 Esslöffel gehacktes Basilikum
- 2 Knoblauchzehen
- 4 Esslöffel Olivenöl
- Meersalz, Pfeffer, Salz
- 1 Zitrone

Die Krake zerlegen, die Fangarme bis dicht unter den Kopf abschneiden, den Beutel vom Kopf abtrennen und säubern, den Kopf wegwerfen. Den Fischfond zum Kochen bringen, die Hitze reduzieren, die Krake einlegen und 40 Minuten leise köcheln lassen. Die Teile herausnehmen, abtrocknen, den Beutel in 2 bis 3 Stücke teilen.

Die Fenchelsamen mit der Chilischote und einem Teelöffel Meersalz in einem Mörser zerreiben.

Die Fenchelknollen halbieren, den harten Strunk herausschneiden, die Hälften quer in 1cm dicke Streifen schneiden, das Fenchelgrün beiseite legen. Die Hälfte des Olivenöls in einer Pfanne erhitzen, den Fenchel darin anbraten. Wenn er Farbe annimmt, Meersalz dazugeben und mit einem 1/4 Liter des Fischfonds ablöschen. 10 Minuten leise köcheln lassen.

Die gewürfelten Knoblauchzehen in einer großen Pfanne anbräunen, den Tintenfisch dazugeben und auf jeder Seite 4 Minuten braten.

Auf das Fenchelgemüse legen, mit den gehackten Kräutern und dem Fenchelgrün bestreuen und mit Zitronensaft beträufeln.

Wenn man keinen Fischfond hat, kann man Suppengrün, Pfeffer, Salz, Lorbeerblatt und ¼ Liter Weißwein mit 1 ¼ Liter Wasser aufsetzen und nach einer halben Stunde die Krakenteile einlegen.

Den Fond können Sie prima einfrieren und für die nächste Krakenmahlzeit verwenden. Die gemeine Krake ist auch unter dem Namen Octopus, Pulpo oder Polpo bekannt. In Japan kommt sie auf Sushi und heißt Tako. Am populärsten ist sie aber im Mittelmeerraum. Das Vorurteil, ihr Fleisch sei zäh, bestätigt sich nur, wenn man sie falsch zubereitet. Wenn Sie sich an unser Rezept halten, wird sie wunderbar zart und aromatisch.

Tintenfisch und Blutwurst

Für vier Personen:

- 600 g Calamaretti
- 300 g frische Blutwurst
- 2 Peperoncini
- 1 Esslöffel gehackte Petersilie
- 1 Zitrone
- 2 Esslöffel Olivenöl
- Meersalz

Den Backofen auf 220 Grad vorheizen.

Die Calamaretti wie unten beschrieben putzen. Die Peperoncini mit Meersalz zermörsern. Die Blutwurst in 5 mm dicke Scheiben schneiden und in einer beschichteten Pfanne 7 Minuten ohne Öl bei kleiner Hitze braten und einmal wenden. Vorsicht, die Grieben können spritzen!

Das Olivenöl auf ein feuerfestes Blech geben und kurz zum Anwärmen in den Ofen schieben. Herausnehmen, die Calamaretti auf das Blech legen, mit dem Salz bestreuen und 5 Minuten auf der obersten Schiene braten. Mit Zitrone beträufeln. Blutwurst und Calamaretti zusammen anrichten und mit der Petersilie bestreuen.

So werden Calamaretti vorbereitet: Die Tentakel mit den Eingeweiden aus dem Körper ziehen. Die Fangarme direkt unter den Augen abschneiden. Augen, Eingeweide und Chitinspan wegwerfen. Die Kauwerkzeuge, die zwischen den Fangarmen liegen, herausdrücken und wegwerfen. Von den Tuben die violette Außenhaut samt Flügelchen unter fließendem Wasser abziehen. Die Fangarme und Tuben nochmals waschen und trocken tupfen.

Tintenfischragout mit Sellerie und Pampelmuse

für 4 Personen:

800 g Kalmare
4 Schalotten
2 Karotten
2 rote, mittelscharfe Peperoni
2 rosa Pampelmusen
1 Bleichsellerie
4 cl Sake
500 ml Hühnerbrühe
2 Esslöffel Olivenöl
Meersalz

Die Schalotten und Karotten schälen und fein würfeln. Das Herz des Bleichselleries in 2 mm dünne Scheiben schneiden. Das Selleriegrün fein hacken, die restlichen Stangen werden nicht gebraucht. Die Pampelmusen filetieren: oben und unten eine 1 cm dicke Scheibe abschneiden, auf ein Brettchen stellen, die Schale und das Weiße großzügig wegschneiden und die Filets mit einem sehr scharfen Messer an den Häuten entlang auslösen.

Die Tintenfische waschen und putzen: die Fangarme unter den Augen abschneiden, die Innereien aus den Tuben entfernen, die seitlichen Flossen abschneiden, die Haut abziehen. Haut, Innereien und Flossen wegwerfen. Die Tuben in 5 mm breite Ringe schneiden, trocken tupfen.

Die Peperoni halbieren, entkernen und in winzige Würfel schneiden.

Das Öl in einer beschichteten Pfanne erhitzen, Karotten und Schalotten unter Rühren 5 Minuten bei mittlerer Temperatur anschwitzen, die Tintenfische dazugeben, weitere 5 Minuten braten. Mit dem Sake ablöschen. Die Flüssigkeit auf die Hälfte reduzieren. $2/3$ der Hühnerbrühe und die Peperoni dazu geben, salzen, abdecken und die Hitze reduzieren. 45 Minuten leise köcheln lassen. Ab und zu etwas Hühnerbrühe angießen, das Ragout soll nicht austrocknen. Nach 35 Minuten den Sellerie dazugeben.

Nach der Kochzeit probieren, ob die Kalmare weich sind – sie sollen butterzart sein. Dann die Pampelmusenfilets vorsichtig in das Ragout einlegen und nochmals ein paar Minuten erwärmen.

Vor dem Servieren mit dem Selleriegrün bestreuen.

Der gemeine Kalmar hat lange sein Schicksal als frittierter Gummiring auf grünen Salatblättern gefristet. Dabei hat er köstliches, mageres, vitaminreiches Fleisch – wenn er, wie in diesem Rezept, richtig zubereitet wird.

Gebackener Hummer mit Kartoffelsalat

Ursula Wiedenlübbert, KaffeeReich

Für vier Personen:

Kartoffelsalat:

400 g am Vortag gekochte, festkochende Kartoffeln

2 Tomaten

3 Schalotten

½ Salatgurke

2 Gewürzgurken

400 ml Geflügelfond

3 Esslöffel fein gehackte Petersilie

3 Esslöffel Weinessig

1 Messerspitze Safran

1 gestrichener Teelöffel Zucker

2 gehäufte Esslöffel Speckwürfel

2 Esslöffel Olivenöl

Salz, Pfeffer

Hummer:

2 gekochte Hummer à 500 g, aus Helgoland oder Norwegen

2 Eier

50 g Weizenmehl

200 g frische Semmelbrösel

Butterschmalz zum Braten

Petersilie zum Garnieren

Die gekochten Kartoffeln pellen und in Würfel schneiden. Die Tomaten mit kochendem Wasser überbrühen, nach 2 bis 3 Minuten abgießen, schälen und halbieren. Die Kerne entfernen und das Tomatenfleisch in Würfel schneiden. Die Schalotten schälen und fein würfeln. Die Salatgurke schälen, der Länge nach halbieren, die Kerne mit einem Kaffeelöffel herausschaben, das Fruchtfleisch würfeln. Die Gewürzgurken in kleine Würfel schneiden. In einem Topf den Geflügelfond erhitzen, Gurkenwürfel, Schalotten, Safran, Essig, Zucker, Salz und Pfeffer zugeben und 10 Minuten köcheln lassen. Den Sud über die Kartoffeln gießen und abkühlen lassen.

Den Speck ohne Fett in einer Pfanne knusprig anbraten und mit den Tomatenwürfeln, der Petersilie und dem Olivenöl unter den Kartoffelsalat heben. Mit Salz und Pfeffer abschmecken.

Die gekochten Hummer in möglichst großen Stücken auslösen. Eier, Mehl und Semmelbrösel getrennt in tiefe Teller füllen. Die Eier verquirlen. Die Hummerteile zuerst in Mehl wenden, gut abklopfen, dann durch das Ei ziehen und zum Schluss in den Semmelbröseln wenden. Die panierten Hummerstücke in einer Pfanne in reichlich heißem Butterschmalz von beiden Seiten etwa 2 Minuten goldbraun braten.

Den Kartoffelsalat auf Tellern anrichten, die gebratenen Hummerstücke auf den Salat legen und mit Petersilie bestreuen.

PASTETE

19/8
tonka
chili
rosa
cran
peanut
hasel
hasel

Délicatesses d'Ardennes
im Karlplatz

Ingwerstücke
100 gr. € 2,00
200 gr. € 3,80

Café Otto Bittner®

Desserts

Kernlose
Wassermelonen
Bayard

Weinberg-Pfirsiche mit Champagnersabayon

Bernd Beilstein, Obst und Gemüse

Für vier Personen:

1 Vanilleschote
350 g Zucker
1 Zitrone
4 Weinberg-Pfirsiche
6 Eigelbe
350 ml Champagner

Die Vanilleschote mit einem Messer längs aufritzen und das Mark herauskratzen. Die Zitrone auspressen. 200 g Zucker mit dem Zitronensaft und dem Vanillemark vorsichtig erhitzen, bis der Zucker zu Sirup geschmolzen ist. Die Pfirsiche häuten. Wenn sie sehr reif sind, können Sie die Haut relativ einfach abziehen. Sind sie noch etwas fester, kurz mit kochendem Wasser überbrühen und dann häuten. Vorsichtig den Stein herausdrücken, die Früchte sollen ganz bleiben, und in dem Sirup kurz dünsten. Die Pfirsiche im Sirup abkühlen lassen.

Für die Sabayon die Eigelbe und den restlichen Zucker schaumig schlagen, bis die Masse ganz hell ist. Nach und nach den Champagner dazugeben und unterschlagen. Im Wasserbad unter ständigem Rühren erhitzen (nicht kochen), bis die Masse cremig wird.

Die Pfirsiche auf große Teller legen und mit der warmen Sabayon überziehen.

Wer mag, kann pro Person zwei Kugeln Pistazieneis dazu servieren.

Der echte Weinberg-Pfirsich ist ein wieder entdeckter Klassiker. Dieser flache, sehr aromatische Pfirsich verdankt seinen Namen dem Anbaugebiet: Winzer in Frankreich, Spanien und auch in Deutschland setzten ihn in früheren Jahrhunderten – und heute wieder – als Schattenspender zwischen ihre Rebstöcke.

Bei den meisten flachen Pfirsichen, die heute auf den Markt kommen, handelt es sich um moderne, weiterentwickelte Züchtungen für den kommerziellen Anbau vor allem aus Spanien, aber auch aus Frankreich

Pochierte Pfirsiche in Rosmarin-Jus

Frank Petzchen

Für vier Personen:

4 weiße Pfirsiche

250 g Zucker

1 Rosmarinzweig

2–3 Teelöffel Zitronensaft

Die Pfirsiche waschen, halbieren und entkernen. Die Hälften sollen ganz bleiben. Einen halben Liter Wasser mit dem Zucker, dem Rosmarinzweig und den Pfirsichkernen aufkochen. Den Sirup vom Herd ziehen, die Pfirsiche hineinlegen und etwa 15 Minuten ziehen lassen. Die Pfirsichhaut und die Kerne färben den Sirup schön rosa. Die Hälften herausholen, enthäuten und in gleichmäßige Spalten schneiden. Den Sirup durch ein Haarsieb passieren, etwas Zitronensaft dazugeben und die Pfirsichspalten im Sirup abkühlen lassen. Die Pfirsiche müssen ganz mit der Flüssigkeit bedeckt sein, sonst werden sie braun.

Die Pfirsichspalten auf vier Desserttellern anrichten und mit dem Sirup übergießen.

Zabaglione mit Früchten vom Markt

Frank Petzchen

Für vier Personen:

4 Eier

4 Esslöffel Zucker

50 ml Marsala

500 g Erdbeeren oder andere saisonale Früchte

1 Zweig Minze

1 Zweig Basilikum

Puderzucker

Die Eier trennen und die Eigelbemit dem Zucker in eine große, halbrunde Wasserbadschüssel geben. Mit dem elektrischen Handrührgerät mixen, bis sich die Masse weißlich färbt und ein wenig eindickt. Den Marsala nach und nach dazugeben und im Wasserbad 5 bis 10 Minuten weiterschlagen, bis sich das Volumen verdoppelt hat. Die Erdbeeren putzen und halbieren. Mit etwas Puderzucker bestreuen. Basilikum und Minze in feine Streifen schneiden und dazugeben.

Die Erdbeeren in schöne Wein- oder Martinigläser füllen. Die Zabaglione darauf verteilen und sofort servieren.

Topfenmousse auf Rhabarber-Erdbeer-Kompott

Andreas Wielens, Geflügel, Eier, Lamm

Für vier Personen:

200 g weiße Kuvertüre

2½ Blatt Gelatine

400 ml Sahne

3 ungespritzte Limetten

2 kleine Eigelbe

2 kleine Eier

175 g Zucker

1 Esslöffel Zitronensaft

500 g Rhabarber

250 g Erdbeeren

200 ml trockener Weißwein

115 g Topfen (der bairische/österreichische Name für Quark) in Sahnestufe

optional: etwas frischer Ingwer und Pfeffer

Die Kuvertüre bei geringer Hitze im Wasserbad schmelzen, aus dem Wasserbad nehmen und abkühlen lassen. Die Gelatineblätter in kaltem Wasser einweichen, die Sahne steif schlagen. Eine Limette heiß abwaschen, trocknen und die Schale abreiben. Alle Limetten auspressen, den Saft und den Abrieb mit dem Topfen glatt rühren. Die Eigelbe und die ganzen Eier mit 50 g Zucker im Wasserbad schaumig rühren, bis sich der

Zucker aufgelöst hat und unter den Topfen heben. Die abgekühlte Kuvertüre ebenfalls unter die Topfenmischung heben. Den Zitronensaft erwärmen, die Gelatine darin vollständig auflösen und zum Topfen geben. Alles zügig glatt rühren und die geschlagene Sahne unterheben. In eine geeignete Schüssel füllen und im Kühlschrank etwa 3 Stunden kalt werden lassen.

Den Rhabarber waschen, schälen, das heißt von den Fäden befreien und in 2 cm lange Stücke schneiden. Die Erdbeeren putzen und vierteln. Den restlichen Zucker und den Weißwein aufkochen und den Rhabarber darin 5 Minuten gar ziehen lassen. Anschließend durch ein Sieb gießen und abkühlen lassen. Danach die Erdbeeren vorsichtig unterheben. Wer mag, kann das Kompott mit frisch geriebenem Ingwer und etwas Pfeffer abschmecken.

Das Kompott in vier Dessertschälchen anrichten und je 2 Esslöffel des Topfenmousse abstechen und in die Mitte legen.

Mandelreis mit Erdbeeren und Rhabarber

Angelika Schidan, Obst, Gemüse, Pilze

Für vier Personen:

200 g Rundkornreis
1 Vanilleschote
50 g Apfelsüße
1 l Milch
70 g gehackte Mandeln
500 g Rhabarber
50 g Zuckerrohrmelasse
4 Esslöffel Weißwein
500 g Erdbeeren
1 Esslöffel Honig
1 Teelöffel Speisestärke
Salz

Den Reis in ein Sieb geben und unter kaltem Wasser waschen. Die Vanilleschote der Länge nach aufschlitzen und das Mark herauskratzen. Die Schote und das Mark zusammen mit der Apfelsüße und einer Prise Salz in die Milch geben und aufkochen. Den Reis dazugeben und bei minimaler Hitze zugedeckt etwa 40 Minuten quellen lassen. Die Vanilleschote entfernen.

Die Mandeln in einer beschichteten Pfanne ohne Fett anrösten und unter den Reis heben.

Die Rhabarberstangen waschen, schälen bzw. von den Fäden befreien und in 2 cm lange Stücke schneiden. Mit der Zuckerrohrmelasse, dem Wein und der Speisestärke in einen Topf geben und unter Rühren bei mittlerer Hitze 10 Minuten garen, bis das Kompott weich ist. Abkühlen lassen.

Die Erdbeeren putzen, vierteln und mit dem Honig vermengen.

Den Mandelreis zusammen mit dem Rhabarber und den Erdbeeren anrichten.

„Erdbeeren entgiften den Darm, lindern Verdauungsstörungen und kräftigen das Immunsystem. Rhabarber enthält sehr viel Vitamin C und viele Mineralstoffe, aber nur sehr wenig Kalorien", sagt Angelika Schidan. Die Apfelsüße, die den Mandelreis süßt, ist ein Fruchtextrakt, der aus entsafteten und getrockneten Äpfeln gewonnen wird. Also endlich ein Dessert, das man ohne schlechtes Gewissen genießen kann

Nektarinen
500 gr 4.95
Kilo 9.90
AROMA + knackig
AROMA saftig
AROMA
1a Qualität
weiße Nektarinen
500 gr 4.95
Kilo 9.90

ja!

Halvas mit Orangenfilets – *Eva Adamidou, Saftladen*

Für vier Personen:

- 180 g Zucker
- ½ Zimtstange
- 1 unbehandelte Zitrone
- 125 ml Olivenöl
- 160 g Hartweizengrieß
- 50 g Rosinen
- ½ Esslöffel Zimt
- 50 g gehackte Mandeln oder Walnüsse
- Saft ½ Zitrone
- Saft einer Orange
- 4 Orangen

500 ml Wasser mit dem Zucker und der Zimtstange zum Kochen bringen und mindestens 5 Minuten köcheln lassen. Die Zitrone waschen, sehr dünn schälen und die Schale in nicht zu kleine Streifen schneiden, damit man sie später leicht herausfischen kann.

In einer großen Pfanne das Olivenöl mit der Schale langsam erhitzen. Wenn die Schale zu brutzeln beginnt mit einer Schaumkelle herausfischen. Den Grieß ins Öl rieseln lassen und mit einem Holzlöffel rühren, bis er eine schöne, goldbraune Farbe hat. Die Rosinen und den Zuckersirup zugeben und gut rühren, bis die Masse sich vom Pfannenrand löst und eine feste, geschmeidige Konsistenz annimmt. Von der Kochstelle nehmen und in eine kleine, mit kaltem Wasser ausgespülte Gugelhupfform füllen. Mit dem Zimt und den Nüssen bestreuen, dabei die Nüsse etwas eindrücken. Auskühlen lassen und aus der Form stürzen. Die Orange und die Zitronenhälfte auspressen und den Saft über den Kuchen träufeln.

Die Orangen großzügig schälen, dabei auch die weiße Haut abschneiden. Die Filets zwischen den Trennhäuten herausschneiden. Die Halvas in Scheiben schneiden, auf Desserttellern anrichten und mit den Orangenfilets umlegen.

Halvas stammt ursprünglich aus Indien und ist eine dick gerührte süße Paste. Mit dem weißen Nougat verwandt, besteht die Grundmasse von Halvas meist aus Sesamsamen, Zucker, Honig und Pflanzenöl. In der griechischen und türkischen Küche wird Halvas, wie in unserem Rezept, auch aus Hartweizengrieß hergestellt.

Bekannt ist Halvas auch in der Türkei als Helva, im Nahen Osten als Halawa, in Bulgarien und Russland als Chalwa.

In der kleinen Kaffee-Bude von Ursula Wiedenlübbert herrscht immer Hochbetrieb. Kein Wunder: In ihrem Laden steht ein Heißluftröster, der seinen köstlichen Duft auch vor der geöffneten Tür verströmt und die Kunden anzieht. Die entspannen sich hier nach dem Marktbummel oder stärken sich zwischendurch, und auch die Händler kommen gerne, um einen der exzellenten Kaffees zu genießen. Doch das Hauptgeschäft läuft mit der „Bohne für zu Hause“, selbst einige Vertreter der Düsseldorfer Spitzengastronomie decken sich hier ein. In den vergangenen Jahren ist der Kaffee-Genuss immer mehr zur Wissenschaft geworden. Die Kunden interessieren sich plötzlich für das Wie und Woher des „schwarzen Goldes“ und es gibt nicht wenige, die genau sagen können, in welchem Anbaugebiet und Jahr der beste, mildeste, aromatischste Kaffee produziert wird. Sogenannte Verköstiger reisen durch die Welt und von ihrem Urteil hängen die Kaffeepreise an den Börsen ab. Ursula Wiedenlübbert verkauft nur Kaffee, der mindestens 80 von 100 möglichen Verköstiger-Punkten erhalten hat. Wenn der Kaffee zuhause schmecken soll, kommt es auf die drei M's an: Mensch, Maschine und Mahlung. „Kaffee ist ein Lebensmittel, das haben wir vergessen. So ein Industriekaffee in einer sündhaft teuren Maschine, das ist wie ein Hormonschnitzel in der Edelpfanne“, sagt die Expertin. Und sie rät, immer nur eine Wochenration Kaffee zu kaufen und den für die nächste Woche neu mahlen zu lassen.

Pumpernickel-Eis – *Ursula Wiedenlübbert, KaffeeReich*

Für vier Personen:

- 40 g Pumpernickel
- 2 Teelöffel Grappa
- 1 Vanilleschote
- 400 ml Milch
- 140 g Zucker
- 30 g Milchpulver
- 150 ml Sahne
- 2 Eigelbe

Das Pumpernickel 2 Tage an der Luft trocknen lassen, dann in der Küchemaschine fein zerkrümeln und mit dem Grappa beträufeln. Die Vanilleschote der Länge nach aufritzen und das Mark mit einem Messer herauskratzen. Die Milch mit dem Zucker und dem Vanillemark handwarm erwärmen, das Milchpulver, die Sahne und die Eigelbe einrühren.

Die Masse unter Rühren behutsam erhitzen, bis sie sämig bindet, aber auf keinen Fall kochen lassen, da sie sonst gerinnt. Anschließend durch ein feines Sieb passieren und erkalten lassen. Die Pumpernickelbrösel dazugeben, die Masse in eine Metallschüssel geben und im Tiefkühlfach fest werden lassen. Das dauert mindestens 6 Stunden. Währenddessen die Eismasse mehrmals herausnehmen und kräftig durchrühren, damit sich keine groben Eiskristalle bilden. Das Eis vor dem Servieren eine halbe Stunde im Kühlschrank temperieren. In Scheiben schneiden und mit frischen Früchten oder Kompott servieren.

Über die Herkunft des Begriffs Pumpernickel gibt es zahlreiche Legenden. Nach einer besonders hübschen soll der Name auf Napoleon zurückgehen, der das westfälische Brot für ungenießbar hielt. „C'est bon pour Nickel!“ war sein Kommentar – also gerade gut genug für sein Pferd.

ESPRESSO
CLASSICO
100g = 1,95
würzig 20/80
ESPRESSO
DE LUXE
100g = 2,58
KRAFTVOLL, Säure arm
GOURMET
RÖSTUNG
kräftig, rund
100g = 2,12
EINSCHMECKER
INTERNATIONALE GOURMET-JOURNAL
2005

Karamellisiertes Apfeltörtchen mit hausgemachtem Vanilleeis – *Frank Petzchen*

Für vier Personen:

Vanilleeis:

2 Vanilleschoten

120 g brauner Zucker

250 ml Milch

250 ml Sahne

6 Eigelbe

Apfeltörtchen für vier große Muffinformen:

2 Boskop-Äpfel

130 g Zucker

1 Esslöffel Butter

1 Zitrone

20 ml Calvados

1 Ei

2 Eigelbe

180 ml Sahne

250 g Blätterteig, fertig ausgerollt aus dem Kühlregal

Für das Eis die Vanilleschoten der Länge nach aufritzen und das Mark mit dem Messer herauskratzen. Die Milch mit der Sahne, dem Vanillemark und dem Zucker aufkochen, die Eigelbe unter kräftigem Rühren unterheben. Die Masse darf auf keinen Fall mehr kochen, sonst gerinnt sie.

Die Eier-Milch durch ein Sieb gießen und kalt stellen. Danach in der Eismaschine gefrieren lassen. Wer keine Eismaschine besitzt, stellt die Eier-Milch in einer Metall- oder Plastikschüssel ins Eisfach. Während des Gefrierens das Eis immer wieder herausnehmen und kräftig durchrühren, damit sich keine Eiskristalle bilden.

Den Backofen auf 200 Grad vorheizen.

Die Äpfel schälen und in grobe Stücke schneiden. Den Zucker im Topf karamellisieren (Vorsicht: er verbrennt leicht). Die Butter dazugeben und mit Zitronensaft und Calvados ablöschen. Die Apfelstücke dazu geben und 2 bis 3 Minuten unter Rühren glacieren. Die Äpfel herausnehmen, den Karamell mit den Eigelben, dem Ei und der Sahne verrühren und bis knapp unter den Siedepunkt erhitzen.

Inzwischen aus dem Blätterteig vier Kreise ausschneiden, im Durchmesser etwa doppelt so groß wie die Muffinförmchen. Die Förmchen mit dem Teig auslegen, die Äpfel darin verteilen und die Karamellsauce darüber gießen.

20 Minuten im vorgeheizten Backofen backen und noch warm mit dem Vanilleeis servieren.

Johannisbeerkuchen – *Peter Latzen, Biokonsum*

Für eine Springform
von 26 cm Durchmesser

Teig:

250 g Mehl

65 g Zucker

125 g kalte Butter

1 Ei

250 g getrocknete Linsen
oder Erbsen zum Blindbacken

Belag:

40 g gestiftelte Mandeln

500 g Johannisbeeren

3 Eiweiß

155 g Zucker

Salz

Die Zutaten für den Teig in einer Schüssel vermengen und schnell, sonst wird die Butter zu warm und der Teig zu weich, mit den Händen zu einem glatten Teig kneten. Den Teig zu einer Kugel formen, in Klarsichtfolie einschlagen und mindestens 1 Stunde im Kühlschrank ruhen lassen.

Den Backofen auf 200 Grad vorheizen.
Boden und Rand einer Springform einfetten, den Teig auf einer bemehlten Arbeitsfläche ausrollen und die Form damit auslegen, den Rand etwa 2 cm hochziehen. Den Teig mit einer Gabel mehrmals einstechen und mit Backpapier auslegen, die Hülsenfrüchte darauf verteilen und im vorgeheizten Backofen etwa 10 Minuten backen.

Die Form aus dem Ofen nehmen, die Hülsenfrüchte samt Papier entfernen und den Boden in der Form auskühlen lassen. Die Mandelstifte in einer Pfanne ohne Fett anrösten und auf dem ausgekühlten Tortenboden verteilen. Die Johannisbeeren waschen und von den Rispen abstreifen. Das Eiweiß sehr steif schlagen und den restlichen Zucker unterheben. 3 Esslöffel der Eiweißmasse in einen Spritzbeutel füllen. Die Johannisbeeren vorsichtig unter die restliche Eiweißmasse heben, auf den Tortenboden geben und glatt streichen. Auf den Kuchenrand mit dem Spritzbeutel Baisertupfer spritzen. Den Backofen auf 175 Grad herunter schalten und den Kuchen 25 Minuten im Backofen backen. Falls die Oberfläche zu braun wird, mit Pergamentpapier abdecken.

Blindgebacken wird immer dann, wenn der Teig zunächst ohne Füllung backen muss. Um zu vermeiden, dass er Blasen wirft, sich vom Boden der Form hebt oder der Rand abbröckelt, legt man ein Stück Backpapier auf den Teig. Die Form wird nun mit getrockneten Hülsenfrüchten gefüllt und zum Vorbacken in den Ofen geschoben. Danach werden Hülsenfrüchte und das Backpapier entfernt und schon hat man einen vorgebackenen Teig, der plan auf dem Boden liegt.

Achim Djürken ist der einzige Schuhmachermeister auf einem deutschen Marktplatz. Wer vor seinem Werkstatt-Wagen steht, weiß sofort, dass der Rheinländer mit den norddeutschen Wurzeln das ursprüngliche Handwerk schätzt: Mit seiner Lieblingsnähmaschine, einer alten Singer von 1902, näht er bis heute besonders feine Nähte an Taschen, Lederjacken oder Schuhen. Nähnadeln, Garnspulen, Lederbändchen und Rangiermesser liegen in einem Schubladen-Schränkchen aus den zwanziger Jahren. Mit Begeisterung erzählt Djürken von alten Verfahren und zeigt stolz ein paar Bergschuhe aus den Roaring Twenties, die mit Holznägeln gefertigt wurden. Eine Maschine, die das kann, besitzt Djürken auch, nur benutzen kann er sie fast nie. Auch bei Spezialproblemen weiß der Handwerker Rat: Einer jungen Dame, die hinten aus den neuen Pumps „schlappt", verschafft ein Stück handschuhweiches Leder – in der Ferse verklebt – neuen Halt. Neben dem traditionellen Werkzeug besitzt Djürken auch moderne Maschinen. Doch die nimmt er auf den Markt nicht mit, denn sie machen Krach und brauchen zu viel Platz. Bei seiner Arbeit trifft der Schuster die unterschiedlichsten Kunden – die auffällig geschnürten, schwarz-roten Stiefel, die an der Wagenklappe baumeln, scheinen aus dem Schuhschrank einer Drag-Queen zu stammen. Und vor einiger Zeit erreichte ihn ein Anruf aus einem nahe gelegenen Viele-Sterne-Hotel auf der KÖ. Zwei Paar bestickte Pantöffelchen sollten abgeholt und die Sohlen und Absätze um zwei Zentimeter erhöht werden. Die Auftraggeberin war eine echte arabische Prinzessin, die gerne etwas größer sein wollte. Offenbar war sie mit dem Ergebnis zufrieden, denn wenig später erhielt Achim Djürken ein Paket aus dem Morgenland – voll mit feinen orientalischen Hausschuhen, die nach Weihrauch dufteten. Und schließlich zwei Zentimeter höher die Heimreise antraten.

Zitronen-Tarte – *Achim Djürken, Schuhmachermeister*

Für eine Form von 28 cm Durchmesser

Teig:

200 g Mehl
100 g kalte Butter
50 g Zucker
50 ml Wasser

Belag:

3 Eier
200 g Zucker
2 bis 3 ungespritzte Zitronen, je nachdem wie sauer Sie es mögen
100 g Butter
Salz

Alle Zutaten für den Teig vermengen und mit den Händen schnell zu einem glatten Mürbeteig kneten. In Klarsichtfolie wickeln und 1 Stunde im Kühlschrank ruhen lassen. Den Teig ausrollen und in eine gefettete Tarteform legen, den Rand etwa 2 cm hoch ziehen.

Den Backofen auf 175 Grad vorheizen.

Die Eier und den Zucker mit dem Schneebesen zu einer cremigen Masse verrühren. Die Zitronen heiß waschen, trocken reiben und die Schale auf einer Reibe fein raspeln oder mit einem Zestenschneider in Streifchen reißen. Die Zitronen auspressen und den Saft und die Schale unter die Zucker-Eimasse rühren. Eine Prise Salz zugeben. Die Butter in einem Pfännchen schmelzen, abkühlen lassen und ebenfalls unterheben. Die Zitronencreme auf den Mürbeteig geben, die Form in den heißen Ofen schieben und etwa 40 Minuten backen.

Rhabarber-Tarte – *Peter Brollik, Markt-Weinhandlung*

Für eine Form von
28 cm Durchmesser

Teig:

200 g Mehl

100 g Puderzucker

125 g kalte Butter

1 Eigelb

1 Prise Salz

Belag:

500 g Rhabarber

3 Esslöffel Zucker

2 Eigelbe

100 ml Sahne

100 ml Crème fraîche

Die Zutaten für den Teig in einer Schüssel vermischen und schnell zu einem glatten Teig kneten. Den Teig zu einer Kugel formen, in Klarsichtfolie einschlagen und etwa 1 Stunde im Kühlschrank ruhen lassen.

Die Rhabarberstangen waschen, schälen bzw. von den Fäden befreien und in 4 cm lange Stücke schneiden. Die Rhabarberstücke in eine flache Schüssel geben, mit 2 Esslöffeln Zucker bestreuen und 30 Minuten ziehen lassen. Anschließend in einem Sieb abtropfen lassen.

Den Backofen auf 200 Grad vorheizen.

Den Mürbeteig dünn ausrollen und in eine gefettete Tarteform legen. Den Rhabarber darauf verteilen und im vorgeheizten Backofen auf der unteren Schiene 20 Minuten backen.

In der Zwischenzeit die Eigelbe, die Sahne, die Crème fraîche und einen Esslöffel Zucker mit dem Schneebesen schaumig schlagen. Die Tarte aus dem Ofen holen, die Eier-Sahne über den Rhabarber gießen und weitere 20 Minuten – jetzt auf der mittleren Schiene – backen. Die Tarte herausnehmen und lauwarm servieren.

Als Getränk empfiehlt Peter Brollik eine edelsüße Riesling Auslese.

Gedeckter Bananenkuchen – *Reda Habib, Delicatesses d'Ardenne*

Für eine Springform von 26 cm Durchmesser

Teig:

- 150 g Butter
- 150 g Honig
- 1 ungespritzte Zitrone
- ¼ Teelöffel gemahlener Ingwer
- ¼ Teelöffel Zimt
- ¼ Teelöffel Nelkenpulver
- ¼ Teelöffel frisch gemahlene Muskatnuss
- 3 Eier
- 250 g Weizenvollkornschrot
- 1 Teelöffel Backpulver

Belag:

- 50 g gehackte Mandeln
- 4 mittelgroße Bananen

Den Backofen auf 180 Grad vorheizen.

Die weiche Butter in eine Backschüssel geben, den Honig dazugießen und mit dem Handrührgerät schaumig schlagen. Die Zitrone heiß waschen, die Schale fein abreiben und mit Ingwer, Zimt, Nelkenpulver und Muskatnuss zum Teig geben. Die Eier vorsichtig trennen und die Eigelbe nach und nach unterrühren. Das Handrührgerät auf die niedrigste Stufe stellen, das gesiebte Mehl und das Backpulver portionsweise einarbeiten. Das Eiweiß zu sehr steifem Schnee schlagen und mit dem Schneebesen unter den Teig heben.

Die Springform mit Backpapier auslegen und die Hälfte des Teiges einfüllen. Im vorgeheizten Backofen 25 Minuten backen.

Die Mandeln unter ständigem Rühren in einer beschichteten Pfanne ohne Fett goldbraun rösten und abkühlen lassen. Die Zitrone auspressen. Die Bananen schälen, in dünne Scheiben schneiden und sofort mit dem Zitronensaft beträufeln. Die Mandeln unterheben. Den vorgebackenen Boden aus dem Backofen nehmen und die Mandel-Bananen darauf verteilen.

Den restlichen Teig darüber streichen und weitere 25 Minuten backen. Herausnehmen, vorsichtig den Springformrand öffnen und den Kuchen auskühlen lassen.

Seit 2003 beglückt Torsten Schöneich von törtchentörtchen seine Kunden mit einem köstlichen Schokoladenkuchen. Das Rezept bekam er von einer guten Freundin, die es von ihrer Großmutter bekommen hatte, die wiederum von ihrer Mutter … Wahrscheinlich ist das Rezept bis heute unverändert überliefert, weil es so simpel und so köstlich ist. Man braucht dazu nur ein paar Schüsseln und einen Rührlöffel – und natürlich Schokolade! Die sorgfältige Auswahl der Rohstoffe, da ist Torsten Schöneich sicher, ist das Erfolgsgeheimnis des Rezeptes: beste Schokolade mit mindestens 70 Prozent Kakaoanteil, gute Butter, Eier von glücklichen Hühnern und echte Bourbon-Vanille. Dann kann nichts schief gehen.

Schokoladenkuchen: Gateau au chocolat fondant de Nathalie – *Torsten Schöneich, törtchentörtchen*

Für eine Springform oder Tarteform von 16 cm Durchmesser

- 200 g beste Butter
- 200 g Schokolade mit 70 Prozent Kakaoanteil
- 4 große Eier
- 200 g Zucker
- 1 Vanilleschote
- 1 gehäufter Esslöffel Mehl

Den Backofen auf 180 Grad vorheizen.

Die Schokolade und die Butter langsam im Wasserbad schmelzen. Den Zucker hinzu geben und gut verrühren. Jetzt die Eier einzeln hinein geben und jedes gut unterarbeiten. Die Vanilleschote der Länge nach aufritzen und das Mark mit einem Messer herauskratzen. Einen Esslöffel von der Schokoladencreme abnehmen und mit dem Vanillemark vermischen, zurück in die Creme geben und unterrühren, damit sich die Vanille gut verteilt. Zum Schluss das Mehl auf die Masse sieben und gut unterheben, es dürfen keine Mehlklümpchen entstehen. Die Creme nur so lange rühren, bis sich alles gut verbunden hat. Die Schokoladenmasse in die gefettete Kuchenform einfüllen und den Kuchen im heißen Backofen etwa 25 Minuten backen. Der Kuchen soll in der Mitte einen fast flüssigen Kern haben.

Er schmeckt am besten, wenn man ihm nach dem Backen noch einen Tag Ruhe gönnt.

Schumacher Alt
Schumacher Alt

Damit Sie sich beim Lesen der Rezepte nicht langweilen, sind einige immer wiederkehrende Zubereitungsmethoden und die Beschreibung von oft benutzten Zutaten nicht jedesmals aufgeführt. So sollte Gemüse, Salat und Obst immer verlesen, geputzt und gewaschen werden. Salat schmeckt nur gut, wenn er vor dem Mischen mit der Vinaigrette gründlich trocken geschleudert wird. Nudeln werden selbstverständlich nicht verkocht, sondern kommen bissfest auf den Tisch. Aber das wissen Sie ja alles selbst.

Tomaten häuten

Die Tomaten oben mit einem scharfen Messer kreuzweise einschneiden. In eine Schüssel legen und mit kochendem Wasser begießen. Nach einer halben Minute abschütten und mit kaltem Wasser abschrecken. Jetzt lässt sich die Haut ganz leicht abziehen. Die Tomaten danach halbieren, die Kerne und den Glibber entfernen. Nach Angabe weiterverarbeiten.

Salz und Pfeffer

Fisch aus der Pfanne, im Ofen gegart oder roh mariniert, gegrilltes oder kurzgebratenes Fleisch und viele Gemüsegerichte schmecken einfach köstlich mit einer Prise Fleur de Sel. Die „Salzblume" kristallisiert als hauchdünne Schicht an der Oberfläche der Salzbecken. Sie bildet sich nur bei Windstille und wird von Hand geerntet, daher ist sie rar und entsprechend teuer. Auch wenn die einzelnen Körnchen viel grober sind als bei herkömmlichem Salz, schmeckt Fleur de Sel weniger salzig und hat einen geradezu schmelzenden Charakter auf der Zunge.

Das Fleur de Sel sowie feines und grobes Meersalz finden Sie an mehreren Ständen auf dem Carlsplatz: Kräuterhexe, Biokonsum, Pasta Fresca, Schier und Langeroodi. Bei einigen von ihnen gibt es für Experimentierfreudige auch Himalayasalz, schwarzes und rotes Hawaiisalz, Rauchsalz oder mit Aromen versetzte Salze. Hier finden Sie auch wunderbare exotische Pfeffersorten. Pfeffer sollten Sie nur frisch gemahlen oder im Mörser zerstoßen verwenden. Geschrotete oder gemahlene Körner verlieren in kürzester Zeit ihr Aroma und schmecken nach nichts.

Semmel- und Brotbrösel

Vergessen Sie das Sägemehl aus dem Supermarkt und reiben Sie altbackene Brötchen in wohlschmeckende Brösel. Der geschmackliche Unterschied ist gravierend. Für die groberen Brotbrösel, die in manchen Rezepten vorkommen, befreien Sie Brot vom Vortag von der Kruste und zerkleinern Sie es in der Küchenmaschine bis zur gewünschten Körnigkeit. Wenn Sie nur frisches Brot im Haus haben, rösten Sie die benötigte Menge bei 200 Grad im Ofen, lassen es abkühlen und zerkleinern es anschließend in der Küchenmaschine.

Schalotten

In den Rezepten werden anstelle von „normalen" Haushaltszwiebeln meistens Schalotten benutzt. Der Grund: Schalotten schmecken fein und aromatisch im Gegensatz zu ihren oft stechend-scharfen Verwandten.

Parmesan

Parmesan wird immer frisch gerieben, wenn Sie große Mengen brauchen, reibt sie Ihnen Ihr Käsehändler. Übrig gebliebenen Käse können Sie problemlos einfrieren.

Zitronen

Wenn in den Rezepten geriebene Zitronenschale gebraucht wird, stammt sie selbstverständlich von ungespritzten Früchten.

(Oliven-)Öl

Zum Braten sollten Sie ein gutes, zum Verfeinern und für Salat bestes Öl benutzen. Auf dem Carlsplatz gibt es etliche Quellen für sehr gutes Olivenöl, z. B. Biokonsum, Kräuterhexe, Langeroodi, Pasta Fresca und Schier.

Dauser
SCHMITZ
Pferde-
Knoblauchwurst
Ganzer Ring

Alphabetisches Rezeptverzeichnis

Rezeptverzeichnis nach Menüfolge

Desserts und Kuchen

Coca-Cola
Wir leben

Coca-Cola

Impressum

Der Carlsplatz kocht
Rezepte, Tipps und Bilder vom Düsseldorfer Carlsplatz

Herausgegeben von
Eva Wolf, Charlotte Schröner, Paul Claessen, Lothar Krauss

Recherche, Rezepte und Text: Susanne Düwel, Petra Serwe
Lektorat: Tina Schreck

Fotografie: Paul Claessen
Sarien Visser (S. 22, 28, 47, 118, 134, 143, 145 oben, 156)
Ute Jaschke (Umschlag-Rückseite)

Gestaltung und Produktion: Lothar Krauss, Charlotte Schröner
Schriften: Franklin Gothic und Centennial

Druck: Nino Druck, Neustadt/Wstr.

Erschienen im
Nizza Verlag
Walldorfer Str. 3
60598 Frankfurt am Main
Tel. 069-63198971
Fax 069-63198970
frankfurt@nizzaverlag.de
www.nizzaverlag.de

1. Auflage, Oktober 2009

ISBN 978-3-940599-03-2

Printed in Germany